「販売は楽しい!」を実感する

売れる販売員の新しい習慣

柴田昌孝

同文館出版

Introduction

「売り方」が書いてある本はたくさんありますが、
今、販売員に大切なのは、売り方の前に
「売りたい」と渇望するモチベーションではないでしょうか。

本書を読み終わった時、
売るということの本質を実感したあなたが、
「早く店頭に出て売りたい！」
と渇望することを確信しております。

まえがき

「下見のお客様が多くて、なかなか売上につながりません」

「声をかけても、『もう少し考えます』と言って、すぐに出て行かれるんです」

「『高いわねぇ。もっと安いものはないの?』と、買わずにお帰りになるんです」

「近くにできた商業施設の影響で、館内がガラガラの状態です」

「正直、売れる商品が少なくて売上につながりません」


これは、私がアパレルの社長をしていた20年間で、毎日のようにスタッフや店長たちから聞いた「売れない時の売れない理由」です。

当時社長であった私には「売れない理由」ではなく、「売れない言い訳」にしか聞こえず、スタッフに厳しく指導していたことを恥ずかしながら思い出します。

まえがき

不況と言われるここ数年で、販売員を取り巻く環境は大きく変化しました。
今は、売ろう売ろうと努力しても、それが売上につながらないことも多く、「売れないのは現場が悪い」なんて現場を知らない本部の上司が言おうものなら、販売員のモチベーションは下がり、悪循環になってしまう。それが、今の現場です。

人は、頑張っても結果がでないと、「私には向いてないかもしれない」と思いはじめたり、売れない理由を、商品が悪い、値段が高い、ブランド力がない、スタッフが足りない、新店にお客様が流れてる、そして最終的には「不況だから売れない」と、「まわりが悪い」という理由をつけてしまいます。自分は頑張っているのだから、悪いのは他のせいだ！　となっていくのです。

そこで、少し考えてみてください。確かに、お客様は以前に比べてひとつの商品を買われるにしても、シビアに考えるようになりました。
お客様が買い物に慎重になればなるほど、「もう少し考えます」と言われたり、店員に心を開いてくれない無反応や無口な方が増えたり、販売員をなかなか寄せつけないお客様が増えます。すると、「なぜ買われなかったか？」を推測できず、その理由が「ぼかされた状態」のままになります。

お客様が直接買わない理由を言ってくだされればいいのですが、言ってくれるお客様なんてほぼいません。

つまり、冒頭のような販売員が考える「売れない理由」とは、あくまで「推測の範囲内の売れない理由」で、「お客様が買わなかった理由」は謎のままなのです。

ここまでを踏まえた上で、私は思うのです。

売れない理由を、他のことや環境のせいにして、販売という仕事は楽しいですか？
売れない理由を、他のことや環境のせいにして、販売にやりがいを感じますか？
売れない理由を、他のことや環境のせいにして、売上ができていますか？

私は今、販売員、店長、アパレルグループ社長の経験を活かし、販売・接客の講演、セミナー講師、店舗の現場指導等をさせていただいています。20代は販売員と店長をし、30歳で独立、42店舗のアパレル専門店チェーンをつくり、その社長を20年間努めました。

自分が販売員だった頃からこれまで、数え切れないほどの販売員を見て、相談にのり、教えてきました。同時に、年間1億売るトップ販売員をたくさん見て学び、売れる販売員もたくさん育ててきました。

その経験から言えることがあります。

売れていない販売員は、販売を楽しいと思っていないということ。
売れていない販売員は、販売にやりがいと誇りを持てていないということ。
売れていない販売員は、売れない習慣で仕事をしているということ。

これらを逆に言えば、

売れる販売員は、販売を楽しいと思っているということ。
売れる販売員は、販売という仕事にやりがいと誇りを持っているということ。

売れる販売員は、売れる習慣（考えと行動）で仕事をしているということ。

習慣とは、無意識に継続していくものですから、よくも悪くも、〝習慣元〟を間違えると大変です。自分は誰の習慣を身につけていくか？　誰から教えてもらうかが大切なのはそこにあります。

私がアパレルグループ会社の社長をしていた時、小原さんというマネージャーがいました。今も富山の百貨店に入っているブランドショップで店長をしています。彼女は、富山という決して人口の多くない、地方百貨店のたった9坪の面積の店で1億円以上売るのです。同じブランドの東京や大阪のショップよりも売るのです。大手メーカーの百貨店ブランドですから、値段も高い商品です。

彼女がネガティブな店員だったら、十分なほど「売れない理由」がある環境で、売り続けているのです。

彼女のようなケースは、特殊な人の特殊な例と思われるかもしれませんが、実は、そんなに珍しくはありません。不況になろうが、ファストファッションが流行ろうが、ネットが急成長しようが、売れている本物の販売員、売れる習慣を持つ販売員は、より売れ続けているのです。

不況になっても、決してすべての販売員が売れなくなるわけではありません。

前述の小原さんに当てはまるように、「人の魅力」で売る習慣を身につけている販売員は、不況で低価格志向になればなるほど、その存在感は際立ってきます。力を発揮しはじめるのです。

売れない販売員は、「黙っていても売れていた時代」の上司の習慣を学び、身につけているのかもしれません。その結果、売れなくなり、楽しくなくなり、悩み、時代のせいにして、やりがいを失っていきます。

売れる販売員は、ものが売れない時代に対応すべく、新しい習慣を身につけ、より売れるようになり、楽しく、やりがいを持ち、お客様も自分も幸せにしています。

1億円プレーヤーと一緒に仕事をして習慣を学ぶ経験はそうそうないかもしれませ

ん。だからこそ、私は「売れる販売員がしている新しい習慣の本」を書きたかったのです。私が1億円プレーヤーから教えてもらい、実践し、同じ結果を残し、部下に伝え、1億円売る販売員を育て上げた、売れる販売員がしている習慣です。

商品は同質化し、少しでも安い商品に人は流れ、ネットでいつでも買い物ができるようになりました。そんな環境で、そうそう簡単には売上はつくれないでしょう。

しかし、売れない環境で、逆に、売れる人が出てきているのも事実なのです。

それが、売れる販売員の新習慣を手にした、本物の販売員です。

「頑張っても結果がでなくて悩んでいる方」「プロパーが売れなくて悩んでいる方」「販売が最近楽しくない方」「販売という仕事に誇りを持てないでいる方」「販売という仕事を続けることに不安を感じている方」。

そして、「お客様を幸せにして、かつ、売上がほしい方」。

このような方にぜひ本書を読んでいただきたいと思っています。

本来、販売とは楽しいものです。売るためのテクニック本はたくさん書店に並んでいます。しかし、売り方を学んだだけで、楽しくなったり、やりがいを手にすることはありません。

やりがいにはもちろん、売上は必要です。しかし売上は、「お客様を幸せにする」「お役に立つ」、その上での副産物です。そんな売上が、やりがいには必要なのです。

販売のやりがいとは、「この仕事の本質を知ること」にあると信じて止みません。販売の楽しさとは、「いつでも店に出て、接客がしたい！　と思えること」だと信じて止みません。

本書には両方があります。読み終えた後、販売のやりがいと楽しさ、両方を手にしていただき、新しい習慣で販売の仕事を再出発されていることを願います。

まえがき

目次　「販売は楽しい！」を実感する　売れる販売員の新しい習慣

2章 ◆ 大切なことはすべてお客様が教えてくれる

3章 ◆ お客様との距離を縮める販売員のルール

4章◆「売る」を肯定すれば、販売はもっと楽しい!

5章◆販売は、販売員の考えた以上にはならない

6章◆「自分と向き合う」販売の仕事に誇りを持とう！

カバーデザイン・高橋明香（おかっぱ製作所）
本文ＤＴＰ・マーリンクレイン

1章

「販売を楽しむ」の本当の意味

ものが売れない時代だからこそ、販売が面白い

私は、今から30年前、あの「バブル」と言われる時代に青春時代を過ごしました。読者の方にはバブルを知らない方も多いと思いますので信じられないかもしれませんが、今よりも人々の収入が多く、ものが飛ぶように売れた時代でした。

洋服と言えば、ＤＣブランド（Designer's & Character ブランド）の全盛期。「ハウスマヌカン」と呼ばれる気取った強気なアパレル店員が、まるで「売ってあげるわ」と言わんばかりに店に仁王立ちしていた時代です。

それでも、１着数万円のブランド商品がバンバン売れていくのですから、まさに幻想（バブル）の時代と言わざるを得ません。今考えても、ハウスマヌカンという言葉には、頭も下げず、売るスキルもないのに、気取って見栄を張って売っているという、あまりいいイメージがない呼び名だったような気がします。

お察しのように、極端に言えば、売るための努力や売るための自分磨き、相手との

信頼を築くようなコミュニケーションなんていりません。そんなものがなくても売れていくのですから、売る努力なんて必要ないのが当たり前。

大切なのは、ブランド力。ハウスマヌカンという得体の知れない、ただブランド説明だけがうまい、顔も名前もない「売り子」と言われる店員がいるだけでした。

私が何を言いたいかというと、黙っていてもものが売れていく時代に、販売員の役割やスキル、存在価値なんてそんなものなのです。大切なものが欠如していた時代だったと思っています。

欠けていたもの、それは「店員自身、すなわち自分を売る」という一番大切な販売員スキルです。

それゆえ、ＤＣブランドブームの崩壊も早いものでした。ブランド力に頼り、店員磨きを怠ったＤＣブランド市場の終焉は一瞬の出来事でした。

そんな中でも、店員の販売力を磨き、顧客を大切にしてきたブランドだけは生き残りました。店員にこだわり、教育していたブランドは、今でもアパレル業界で代表的な企業として残っています。

どんな時代においても、販売員自身が考えて行動し、自分を売り込み、お客様との信頼を築いていく店は強いのです。たとえ不況と言われようが、たとえブランドの力が弱まりブームの終焉が来たとしてもです。それがものを売る原点だからです。

私は、本書を通して、現在、店頭に立ち、実際に商品を販売している店員の皆さんに、その「自分を売るということの大切さ」「売れない時代に人で売る大切さ」「ネットに負けない人間力販売」というものを今一度、再認識し、自信と誇りを持ってほしいと思っています。

私が、前職の大手呉服チェーン「やまと」(呉服業界売上第一位)でトップセールスとなったのは、実は退職する直前、つまり、「やまと」販売員としては晩年の頃です。そこには、ひとつの秘訣がありました。それまでは「やまと」の販売マニュアルに沿って「『やまと』を売り込む販売」というものをしていました。しかし、もう少ししたら、地元に帰って家業を継ぐのだからと、「やまと」を売り込む販売から、「自分・柴田」を売り込む販売に変えていこうと考えたことです。

「やまとの販売マニュアル」には、「やまとで買う5つのメリット」という項目があり、「他店よりもお得で、いいことがありますよ」と伝え、「やまと」の価値を上げて売るというスタンスだったのですが、私はそれをアレンジし、**「自分の価値を上げて、売る」という自分を売り込む、自分らしい販売に落とし込んでいった**のです（今だから言えますが）。

当然、お客様には、「やまと」で買ったという感覚よりも、「やまとの柴田さんから買った」という意識が上回ります。その結果どういうことが起こったかというと、私が休みの日に「柴田さんいらっしゃる？」と来店されたお客様に、「柴田はあいにくお休みをいただいております。代わりに私がお伺いいたしますが」と他の店員が答えても、お客様は「柴田さんが休みなら、また来るわ。それじゃ」と帰られるのです。

展示会でも、私の顧客に対し他の店員に代わりに販売してもらっても、私が販売に入らないと決定しないということが起きはじめました。「柴田さんが忙しいなら、手が空くまで待ってるわ」と言う方がほとんどだったのです。

皮肉にも「やまと」の売り込みを、「自分」の売り込みに変え、オリジナル販売をはじめた時から急激に売れはじめ、トップ売上高をつくっていくに至ったのです（「やまと」にしたら、あまり推奨したくない販売だったかもしれませんが……）。

そして、家業を継いで独立。それからも年間1億円の売上をつくれたのは、その時の確信があったからに他ならないと思っています。顧客とのつながりを強くして、これまで以上の売上をつくりたければ、売るべきなのは、店でも商品でもなく、「自分」自身だということです。

だから、売れなくても、店のせい、商品のせいにしてはいけないと思っています。**売れないのは「自分」を売り切れてない自分にある**のだと思ってください。

そこに、販売の仕事における「自分磨き」の動機づけがあるのです。

販売をしなくても販売が成立したおかしなバブル時代。私は、あの頃がすばらしかったとも思わないし、販売員として、あの当時に戻りたいとも思いません。

今は、黙っていては売れない時代。私は30年近く販売の仕事をしてきて、ようやく当たり前の時代になったと思っています。

黙っていては売れないから、販売員はどうやって売ろうかと考えはじめる。どうやってお客様と接するべきかを考えはじめる。そして、どうやってお客様を喜ばせるかを真剣に考えはじめるのです。

バブル時代を引きずり、黙っていても売れるセルフ販売ばかりを夢見ていた販売業が、ようやく忘れていた、お客様視点を考える時代になってきたということです。

このような視点で考えれば、**売れない時代こそ、販売員の時代です。**販売を工夫し、人の力で付加価値をつけて商品を光らせ、自分磨きをして、人間性を豊かにし、お客様を魅了する時代が来たのです。

あらためて、書きます。**ものが売れない時代だからこそ、販売が面白いのです！**

売れないことの責任転嫁はやめよう

「うちの服は、『黙っていては売れない服』なんで、販売員次第なんですよ」とか、「この店は、販売力が足りないから売れないんだよね」と、アパレルメーカーの営業さんや商品部の方から言われることがあります。

これらを聞いた時はいつも残念な気持ちになります。ここからは、誤解なきよう読んでいただきたいと思います。

もちろん、店員の販売力、すなわち、第一印象、提案力、プレゼン力、人間力は、売上に大きな影響力があります。また、販売力アップの講師としても、店頭の販売力を磨くことは、最も大事なことだとは思います。ですが、不況時の「売れない理由」について、「すべて現場が悪く、店員が悪い」と言い切ってしまうのは、あまりにも店頭がかわいそうだと思います。

また、洋服に限りませんが、商品をつくるメーカーの方々に「うちの商品は、黙っていたら売れない商品だから」と言い切られるのも、残念です。黙っていても売れる商品ばかりを求めているわけではありませんが、「黙っていても売れる、魅力ある商品をつくる」ことを目的とするのが、メーカーのプロ意識であると思うのです。

逆もしかりです。売れない責任転嫁の意識は、メーカーだけでなく、現場販売員にも言えます。

店頭のスタッフからは「うちには、かわいい洋服がないんです」「売れ筋がないんです」「値段が他のショップより高い分、お客様に帰られてしまうんです」といった、「商品が悪い」的な残念な言葉もよく聞きます。

ですが、私たち販売員のプロの仕事とは何でしょうか。**どんな商品でも、付加価値を見つけ、プレゼンし、他との差別化を伝えることや、値段の適正価値を伝えていくのがプロの仕事**です。なのに、かわいくない、商品が悪い、値段が高いと言うのは、販売員としてのプロ意識が欠如しているのではないでしょうか。

メーカーは、「より魅力ある売れる商品づくり」のプロ意識。販売員は、「なんでも、売っていける販売力づくり」のプロ意識。共に、そんな意識を持っていれば、もっともっと業界全体がよくなっていくと思います。

売れなくなると、売れない理由を探しはじめます。メーカーも、店の現場も、もはや、売上がないことを互いに責任転嫁している場合ではありません。ものづくりと販売、それぞれがプロ同士の分業意識を持ち、「売上」という数字を捉えていくことが大切なのです。

アマチュア販売員、増加中にもの申す！今こそ、プロの販売員が求められている！

最近は、過剰すぎる商業施設の増加で、「にわか店員」が急増しています。「やりたい仕事がなかったので、とりあえずショップ店員に応募しました」という動機の方が増えているのです。それゆえ、接客が好きでもないのに店に立っている店員も少なくありません。厳しい言い方かもしれませんが、いわゆるアマチュア販売員です。

そんな店員が増えたためか、店長クラスの方からこんな相談を受けることが多くなりました。

「先日入ってきたスタッフなんですが、どうしてもうちの商品が好きになれないからと、退職したいって言ってきたんです」

「『見に来ただけのお客様に、すすめることなんてできません』と、新人スタッフに開き直られるんです」

このような、プロになり切れないアマチュア店員たちに関する相談です。

私は、30年近くの販売員の経験を踏まえ、こう思います。店員として店に立つ限りは、お客様からお代金をいただくこと、販売という仕事で会社から給与を頂戴することを理解して、プロを目指さなくてはいけないということです。

では、販売の仕事におけるプロとアマチュアの決定的な違いは何でしょうか？

例えばこのようなことです。芸人ならば、面白くない相手のトークだって、最高のリアクションで、爆笑して楽しく見せることができる。絶妙のタイミングで、期待されたお約束通りのリアクションをする、それがプロの芸人。

例えば、俳優ならば、誠実ないい人の役から、恐ろしい悪役まで、どんな役でも、求められた役柄を演じることができる、それがプロの俳優。

例えば、グルメリポーターならば、たとえおいしくない料理でも、すごくおいしそうな表情やコメントができる、それがプロのリポーター。

「**自分の意思や考えとは関係なく、常に相手のニーズに徹することができる**」。これが、プロの姿勢ではないでしょうか。

そうしたならば、販売のプロとは何でしょうか。

自分の好き嫌いではなく、自社商品に誇りと自信を持ってすすめられるのがプロ。相手のニーズに精いっぱいお応えして、ベストな商品をおすすめすることがプロではないでしょうか？

相手の立場に立つことなく、常に自分の考えだけで発言し、行動する。相手（お客様、店、会社、上司）の求めることに応え切れてない人。それが、アマチュアです。そういった意味で、世の中には、アマチュア販売員が溢れています。

入社の動機はどうであれ、このようなプロ意識を持つことを目指して頑張らなければ、仕事自体が面白くもないでしょうし、それ以上に、お客様にとっても、買い物がつまらないものになってしまいます。

プロとアマチュアの差を理解して、ぜひ、販売のプロを目指しましょう。

お客様のニーズに精いっぱいお応えしようとする気持ち、それこそがお客様の大好きな販売員なのです。

販売は憧れの仕事。自信を持ってお店に立とう

２０１２年のことですが、株式会社商業界が主催するアメリカ流通視察セミナーに参加してきました。初めてニューヨークの地に足を踏み入れ、ソーホーやブルックリンの最先端アパレルショップをのぞき、まずびっくりしたのが、販売員の年齢と質の高さ。40代、50代は当たり前。中には60代以上であろうという素敵なおばさまが販売するアパレルショップもありました。

聞くところによると、**ニューヨークでは、接客や販売は憧れの仕事。**もちろん、安価なブランドと違って、ただ単に並べていれば売れるという代物ではないからです。

オーナーやバイヤーがこだわって仕入れ、デザイナーがこだわってつくったオリジナル商品、プライベートブランドだからこそ、販売員の伝える力、プレゼン能力が問われるというわけです。

だから、それなりにお客様に対応できる人生経験を積み、きちんと商品の知識やも

ののよし悪しがわかるようにならないと、店員として一人前とは言われません。だから、40代、50代は当たり前なのです。

ニューヨークの人気店にとって、販売員とは、自分の経験からの知識を伝える、自分の経験を売る存在なのですね。

この考えは何もニューヨークだけではなく、世界共通だと私は思いました。しかし、現在の日本では販売という仕事の地位や扱い、考えが、まだまだ成熟していないと感じています。昨日まで事務職をしていた人が、転職した次の日にすぐに店に立たされ「売りましょう」と言われる場合もあるほど、人手不足な状況もあります。

また、日本では、販売を若い人だけの仕事と捉えている場合も多く、私が社長だった時も、「もう年も年なので、接客以外の仕事に就こうと思っているんです」という退職理由を多く聞きました。

その差は何だろうと考えながら、ニューヨークで彼女たち店員の言動、立ち居振舞いを見ていると、**販売という仕事に「強い誇り」を持っている**ように感じました。ひょっとしたらこれが、日本とニューヨークの店員の大きな違いなのかもしれません。

また、アメリカ人はプレゼン上手です。例えば、日本人はプレゼントなどを渡す際、「たいしたものではございませんが……」とへりくだって言う「控えめの美学」なのに対し、アメリカ人は、「とてもおいしいので、ぜひ食べてみてください！」と、「プレゼンの美学」です。自信を持っておすすめするという点も見習うことができます。

ニューヨークの街を見ていると、店員以外でも「伝える」「魅せる」ということへのこだわりを強く感じます。例えば、店の壁にわざと落書きをしてイメージを伝えたり、店の前にブランドイメージの動物のオブジェが商品より目立って置かれていたり、何とゴミ箱を什器に使用していたり……。店の発信力に対するこだわりは、学ぶべきものがたくさんありました。

ニューヨークの販売員は圧倒されるほど輝いていました。特に、これだけ女性が主役の街は、世界でもそうないと思います。

販売員が、女性が、自信を持って仕事をしている姿はやっぱりかっこいい！ 日本もそんなふうになってほしいと切に願う旅でした。

「販売を楽しむ」ということ

「『楽しく販売をしよう』が今日の目標です！」
「最近売れなくて、ずっと『売りたい』とばかり考えてたので、今日は逆に、思いっ切り楽しんで接客をしたいと思います」

こんな言葉を店の朝礼で上司から聞いたり、あなた自身が話していることはありませんか？

「販売を楽しむ」という言葉。スランプになったスタッフや、暗いスタッフ、テンションの低いスタッフの気持ちの切り替えだったり、または、新人スタッフを鼓舞する時の言葉としてよく使われているように思います。

そこで、少し考えてみてください。「販売を楽しんでやってこい！」と言われたスタッフが、その言葉の効果でいきなり売れちゃった、ということはありますか？

また、まだ売った経験も少ない新人スタッフに「まずは、売るとか考えずに、楽しくお客様と接すればいいから。あなたが接客を楽しむことが大切だから」と言って、その新人スタッフが本当にお客様を楽しませることができるのでしょうか？


私は大学を卒業して、大手呉服チェーンの「やまと」に就職しました。入社した理由は、社員の方々がとてもいきいきとしていて楽しそうだったのと、高額品を売ってみたいという自分の販売に対する探究心（そんなに深いものではありませんでしたが……）からでした。

当時、「やまと」は全国に約２００店舗あり、私は大阪の店舗に配属になりました。しかし、研修を受け、知識をたんまり身につけて店に立ったからといって、そうそう売れるものではありません。ましてや何十万円もする、非日常品である着物ですから、なおさらです。

知識だけしか武器のない私は、接客中ずっと知識を並べ、お客様に語り続けました。もちろん、まったく売れません。最初は先輩たちも、新人だから売れないのは仕方ないと思っていたみたいですが、売れなければ売れないほど、暗いテンションで接客しているのが気になったようです。

ある時こう言われました。「新人なんて、売れなくて当然なんだから、気にせずに接客しなさい。大切なのは、接客を楽しむということ。柴田が楽しむことが一番だ」と。

単純な私は、「そうか。自分が楽しめばいいいんだ」と思い、それからの接客では「売れなくていい。とにかくテンション高く」を呪文のように心で唱えながら接客をしました。

しかし、新人の私がどれだけテンションを上げようが、お客様には関係なし。逆にお客様のテンションを下げてしまうような雰囲気の接客になっていったのです。私の接客に対する闇は深まるばかりでした。

そんな時、別の先輩がこう助言をくださいました。「柴田さんの接客は、『楽しく』と心掛けてやっているのは見ていて胸が痛いほどわかるんだけど、ひとりよがりなのよ。楽しむことを勘違いしないでね。**自分だけが楽しめばいいというひとりよがりな接客は、楽しむとは言わない**の」。

そしてその先輩はこう続けました。

「接客を楽しむ、販売を楽しむということの本当の意味は、売上という呪縛から解き放たれ、純粋にお客様に喜んでいただくことや、お役に立てることに対して楽しんでやる、ということなのよ。相手抜きの『楽しい』なんて、本当の意味での『楽しい』とは言わない。

売上は、お客様が決めること。あなたが決めることではないの。だから、売上という結果を出そう出そうと思うと、本来の自分のよい部分が出てこなくなる。それが普通の人間。自分が決められないことに頭を悩ませるから楽しむことさえもできないの。

いっそのこと、自分のできることだけに集中して接してみたらどう？　どんな結果になろうとも、お客様のお役に立てられるよう、自己表現できたかどうかを自問するわよね。それが楽しむということになるの」

当時は、まるで禅問答のようで、答えなき質問をされているようで、ピンときませんでしたが、その言葉を頭に置きながら接客を進めていると、絡まった紐が少しずつほどけていくように、自分が今何をするべきなのか、楽しむとはどんな心理状態のことを指すのかがわかりはじめてきたのです。

わかりやすく言うと、**「悩んでも仕方ないこと（売上ができるか否か）に悩まず、自分の今やれるお客様への奉仕に集中すればいい」という、いい意味での開き直り精神**を感じはじめることができたのです。

極端な私は、こう考えました。

「売れなくてもいいや。そんなことよりもとにかくお客様の役に立って、お客様に楽しい時間だったと言ってもらえるように、俺が楽しくさせてあげるのだ！」

こう考えたら、**相手を喜ばせる楽しさを感じ、相手が自分との出会いでいい時間を過ごしてもらえている実感で、自分も楽しくて仕方がなくなりました。**

それは、ひとりよがりで、無理に楽しそうにする自分ではなく、自発的に楽しいという感情が湧き出る自分。また、売上ばかり考えながら焦って販売を進める自分から、ただ目の前のお客様と一緒に楽しむ、喜んでもらうことに集中した、ある意味吹っ切れた自分の姿でした。

この自分の姿こそが、本当の意味で「販売を楽しむ」ということなのではないかと思ったのです。

とは言うものの、「柴田、今月は売上が少ないぞ」なんて店長から言われると、つい「目指すは売上！」となってしまうのですが、そんな時こそ、思考をリセットするスイッチが「販売を楽しむ」というキーワードなのだと思うのです。

入ったばかりの新人スタッフにやみくもに「楽しめ」ということを無理強いしても結果に直結するわけがありません。

「売上」とは皮肉にも、売上を忘れてお客様を楽しませる楽しさ、売上を考えずにお役に立つことを楽しむ。その楽しみの先に現われる副産物なのです。

本来、「販売を楽しむ」という意味は、売る、買ってもらう、を抜きにして、**お客様を楽しませてあげる、お客様を喜ばせてあげる、お客様のお役に立てるという目的がある楽しみを指す**のだと思うのです。そして、**それを実践している自分を楽しむ**ということが大切なのではないでしょうか。

売ることに罪悪感？ 売るということにもっと誇りを！

講演会の質疑応答で、よくこのような質問を受けます。

「売るということに少し罪悪感があって、なかなかお客様におすすめできないのですが、どうしたらいいでしょうか」

私は、このような質問をしてくる方は、たいてい商売の本質を本当の意味で理解していないのではないかと思っています。そこで私はこう答えるようにしています。

「あなたはなぜ、罪悪感を持っているのですか？　入店されるお客様の買いたいという欲求や要望に徹底的にお応えするのが、我々の仕事です。あなたが思っている『売る』というのは、ひょっとしたら『押し売り』のことを想像しているのではないですか？　もちろん押し売りは論外です。販売ではありません。私が言う『売る』という行為は、お客様の悩みを解消してあげたり、お客様のお役に立つことです。その結果として売上が残るのです」

さらに私は必ずこう聞き返します。

「あなたは、お客様から『ありがとう』と言われたことがありますか？」

多くの場合、このような質問をされる方はここで黙ってしまいます。

そう！　**お客様から「ありがとう」と言われたことがないから、売るということに罪悪感を持ってしまう**のです。

私は富山県井波町（現・南砺市）という小さな町の洋装店の息子として育ちました。洋装店といっても、1万人弱の町なので、洋服の他にも肌着、指定学生服やご要望があれば布団や和装小物まで、衣類と言われるもの以外でも扱うような、よろずや的な洋装店です。

小さい町では、そういう品揃えの店が求められていて、来られるお客様は必ず「いやー、この店があって助かってるわ。ここに来ればたいていのものがあるからね！ありがとうね！」と言って帰られるのです。

なんと、お客様のほうから「ありがとう」と言われるのです。私は幼いながらも、これこそが商売の本質なんだと感じていました。

売るということは、お客様に本当に喜ばれることなのだと。

お客様が喜んで「ありがとう」と言っていただけることで、私の両親も、「売る」ということに誇りを持って販売をしていたと思います。

お客様に喜んでいただける尊い仕事、それが販売なのです。

極論を言えば、**私たちの仕事の目的は、売るということではなくて、お客様のお役に立って喜んでいただくことです。**

お客様が困っていたら「何かお手伝いすることはございますか?」と聞けばいい。お客様がきょろきょろされていたら「何かお探しですか?」と聞けばいい。お客様が商品を見ていたら「他にもこんな色がございますよ」と提案したらいい。お客様が商品を手に取っていらっしゃったら「サイズをお探しいたしましょうか?」と聞けばいい。

販売とは、たったそれだけのこと。その延長線上に売上があるだけのことなのです。

売ろう、売ろうと思うから、押し売りになり、罪悪感が生まれるのです。お客様のお役に立つこと。これこそが、私たちの仕事の目的です。だからこそ誇りが持てるのです。

もしこの仕事に誇りややりがいを持ちたいと切実に思うなら、あなたがまずやらないといけないのはお客様からの「ありがとう」を集めることなのです。

2章

大切なことはすべてお客様が教えてくれる

お客様心理を知ることからはじめよう

新人販売員への研修をさせていただくと、多くの場合、質疑応答でこのような質問が出てきます。

「お客様にお声がけしても、無視されることが多くて。いつも心が折れるんですが、成功するアプローチの秘訣を教えてもらえますか？」

「試着しても、そっけなく帰られるお客様が多くて戸惑ってしまいます」

この質問が出た時、私は必ずこう言います。

「皆さん、まずこう考えてください。『お客様はそういうものだ』ということです」

私はアパレルの社長時代に、入社3ヶ月の社員、パート、アルバイトを集めた研修会を必ず開催していました。これは1店舗の時からはじめて42店舗に拡大してもずっと開催してきました。

題して**「お客様を知る研修」**です。販売員教育の第一歩に、「お客様との接し方や提案の仕方」を掲げて研修を実施している企業は多々ありますが、それよりもっと前の段階の研修です。この業界に入ってきたばかりのスタッフが一番、消費者の感覚に近いわけで、その消費者感覚こそ、今のお客様が求めている販売員像につながると思うからです。

だから、**「売るためにはどうしたらよいか？」「売るとは何か？」より先に、「お客様とはどういうものか」「お客様心理とは」を教える**ことにしていたのです。

例えば、これまで事務職や介護職というまったく違う業種から転職してきて、まず焦って覚えようとするのが、販売員の「身だしなみ、考え方、接し方」です。その業種の色に染まる。その業種を学ぶ。もちろん、新しい世界に飛び込んだのですから、当たり前といえば当たり前なのですが、業種の色（考え）に染まることが、売れないスタッフをつくってしまうことも多いし、接客の本質を見えなくさせる場合も多いのです。

売り手側視点になってしまうと、自分がお客様だったらやってほしくないことを平

気でやってしまうことがあります。

例えば、あなたがお客様でお店に入った時、店員が遠からず近からずの位置で、あなたをずーっと見ています。あなたが動けばそのままジロジロと視線を動かします。

どうですか？　当然、嫌だと思います。

会社からは「お客様をよく観察しなさい」とか「お客様が手に取ったものを覚えておきなさい」「お客様に対し無関心や無視は絶対してはいけない」と教えられているから、ついついお客様視点を忘れ、指示通りにそうやってしまうのです。

確かに、会社側が言っていることは、厳密には間違いではありません。ですが、ジロジロ見ろという意味ではありません。

「ジロジロと見られるのは嫌。だけど、まったく無視されたり、気にしてくれないのも嫌」。これがお客様の気持ちなのです。

つまり、冒頭で紹介した「お客様にお声がけしても、無視されることが多い」という悩みの答えはこうです。

お客様は接客を受けるのが嫌だったり、声をかけてほしくないわけではなく、接客を受けたい時に来てほしいだけ。声がけしてほしい時に声がけしてほしいだけ。タイミングが違うだけなので、無視されて当然なのです。

もうひとつ、「試着しても、そっけなく帰られるお客様が多い」の回答はこうです。実はお客様は、「試着までして買わなくてごめん」と思っているのです。だからさっと店を出て行かれるのです。決してそっけないわけではありません。

また、もう少し店内を見たいお客様を、販売員の言動で帰してしまっていることも多々あります。例えば、レジを終えたお客様を、「ありがとうございました。入口まで商品をお持ちいたしますので」と、まだ店内を見たいかもしれない購入客を、無理に入口までお見送りしていませんか？　お客様は「まだ見たいです」なんて言いません。これもお客様心理への理解不足のひとつではないでしょうか。

最後に、「お客様を知る」という点において一番大切なことをお伝えします。

我々販売員がつい忘れてしまう重要なお客様の行動心理。それは、

「買いたくない人は誰ひとりとして入店しない」

というお客様の事実です。

アプローチには悩まなくてもいい

販売員へのアンケート結果を見ると、「アプローチが一番難しい」と感じているようです。私の講演でもアプローチについての質問を多く受けます。また、ロールプレイングの審査員をさせていただく時も、皆さんが一番ぎこちないのがアプローチです。一旦アプローチを乗り越えれば、ペースを取り戻してくるのですが。

正直、100%成功するアプローチマニュアルがあるならば、私がほしいくらいです。これは皮肉ではなく本音です。

というのも、成功率100%のアプローチができる人はもちろんいないと思いますが、アプローチする時は、絶対に成功したいと100%を目指してしまいます。でも現実にはうまくいかず、アプローチにナーバスになったり、考えすぎている人がほとんどなのです。そこで私からの一言アドバイスです。

「お客様の反応は冷たく感じて当たり前です」

確かに、アプローチで好反応なお客様であってほしいという願望はあるでしょう。そのために失敗しないアプローチ術を学びたい気持ち、できれば成功率100％に近づくアプローチ術を習得したい気持ちもわかります。でも、アプローチの反応が好反応であるというのはあくまで販売員側の願望にすぎません。

まず、覚えておいてほしいのは、お客様の反応は冷たくて当たり前なので、悩みすぎないことです。アプローチで失敗続きでも、自信喪失しないことです（しかも、アプローチで振られても、実はそれは失敗ではないのです）。

次に、私が長い販売人生で感じるのは、ベテランでも、新人でも、アプローチなんてたいして変わりません。「おぉ、アプローチうまいなぁ！」という販売員に出会ったこともありませんし、そもそも「うまいアプローチ」とは何でしょうか。

笑顔で、やさしい口調で、お客様の斜め45度から「素敵でしょう」と上手に言える人がアプローチ上手なのでしょうか？　教科書通りに言えば、そうかもしれません。

ですが、そんなアプローチができる店員だって、たくさん振られ、冷たくあしらわれたりしているのが現実です。

むしろ、**購入目的があるお客様ほど、反応が薄かったり、無口だったりすることが多いのも事実**です。なぜなら、商品をたくさん見たい気持ち、試着したい気持ちの反面、見るだけ見て、着るだけ着て買わないかもしれないのに、下手にその購入目的を最初から悟られたくないのがお客様心理だからです。

売れる販売員はここを理解しています。それゆえ、お客様の反応が冷たくても気にすることはありません。**アプローチが失敗したように思うのは、店員側の勝手な理想に対する失望にすぎないのです。**

これまでのアプローチの考え方は、「いかに笑顔で礼儀正しく成功率を上げるか」でしたが、これからはアプローチで一喜一憂するのはやめましょう。大切なのは、〝成功するアプローチ〟ではなくて、〝感じのいいアプローチ〟。そして、いい反応を返してもらうのが目的ではなく、お客様が話しかけやすい感じのよさを残すことにあります。

つまり、大切なのは、**アプローチの後に残る余韻の印象**なのです。

売れる販売員は「人は見た目で判断する」を理解している

「人は、まず見た目で判断される。それが人と人のはじまりです」

この言葉は、私が呉服の「やまと」で新人の教育をした時代から今に至るまで、この業界に入ってくる人に、まずお話することです。

そして、こう続けます。「見た目というのは、顔立ちがいいとか悪いとかではありません。また、高価な洋服や持ち物を持つといった意味でもありません。**見た目とは、自分でつくり出す〝印象〟のこと**です」。

新人に対して、冒頭の言葉だけがひとり歩きすると、中身よりも外見が大切なんだと、中身を磨くことを怠った薄っぺらい価値観となる場合もあるので、慎重かつ丁寧に伝えていくようにしています。

私も人生観としては、「見た目より中身こそがすべて」と言い切りたいのですが、私たちの仕事は、相手がいるコミュニケーションビジネスです。**コミュニケーションとは、人と人が出会った時からすでにはじまっています。**その時の見た目とは、つまり**第一印象**です。

人というのは、初対面の人と出会った時、相手がどんな人かわからないので、まず、見た目からある程度の人物像を予想します。

例えば、アパレル店員で言えば、お客様は店員がどんな人かを、ヘアメイクや洋服、靴、アクセサリー、話し方といった印象をつくるパーツから、だいたい判断します。「素敵なお洋服でセンスあるおしゃれな店員さん」とか「メイクが上手でやさしそうな店員さん」と印象を決めるのです。

もちろん、逆もしかりです。「この人、なんか不潔な感じがして嫌だな」とか「イライラしていそうで近寄りがたい人に感じる」「おしゃれに気を使っていない店員さんで大丈夫かしら」といったものです。

私たちがお客様と共有させていただける時間は決まっています。**お客様が店員と出**

会い、「この店員さんの説明や接客をもう少し受けてみようかな」と判断する時間は、約30秒と言われています。私はこれをインプレッションジャッジタイムと呼んでいます。

この時間にお客様によい判断をしていただけなければ、後にどれだけの思いやりある接客ができるとしても、その時点で、接客が終了に向かっていくことを意味します。これでは、せっかくの腕の見せどころが、袖をまくりあげることさえできません。

「見た目が大切である」という言葉は、深く理解しないと単なる薄っぺらい表面主義になってしまいますが、**見た目を大切にすることがお客様との深いつながりをつくることになる**と考えるならば、見た目の重要性も理解できるのではないでしょうか。

売れる販売員はこれをよく理解しています。見た目がいいからといってすべての店員が売れるとは限りませんが、売れる店員はすべて、印象も含めた見た目がいいのです。

ヘアメイクや服装に清潔感があり、なおかつ店のテイストを伝えておしゃれに着こなしているという見た目そのものの印象。

また、話しかけやすく明るさを感じるやさしい表情、しなやかなアパレルらしい身のこなし、早口すぎずゆっくりすぎない口調。相手の話にうなずき、しっかりと受け止めている聞き方。このような内面が表われている印象です。

逆に、ちょっとでも不潔な身だしなみ、濃すぎる化粧やノーメイク、ボサボサな髪型、暗そうに見える表情、雑な話し方、ボソボソした話し方、面倒くさそうな口調、人の話を聞かない対応など、印象を下げるものはあげたらきりがないほどあります。

以前おつき合いしていたアパレルメーカーでは、店員の体重チェックが毎月行なわれ管理されていました。そこまで見た目、印象にこだわる会社もあるのです。

接客が生まれるか否かの大切な分岐点。あなたは、最初の30秒で与える自分の見た目、印象、イメージをとことん考えたことがありますか?

お客様が見えていない店仕事は、すべて〝作業〟だ

皆さんに質問があります。陳列というのは、作業だと思いますか？

私のアパレル会社で、トップ販売員でもあり店長でもあった竹山さんという方がいます。初めて店長をした店で、オープン初年度の売上を2年で1・5倍に成長させた優秀マネージャーです。

彼女が店頭の陳列をした日は、売上がぐんと伸びます。しかし、他のスタッフが陳列をした日は、そうでもないのです。

ある日、竹山さんに私はこう聞きました。「竹山さんが陳列するとめっちゃ売れるよね。何か秘訣があるの？」。すると、こう答えが返ってきました。

「私は、**陳列も販売だし、トルソーマネキンもひとりの販売員だと思っている**ので、できるだけ、お客様から見たらどう映るかを基本として、お客様視点で陳列を考えて

つくっています。もちろん、その日の天候・気温、平日と土日、時間帯など、さまざまな要素で陳列も変えます。

当たり前ですが、お客様を見て陳列を構成すると、本部から決められた陳列だけでお客様の心が動くのではないとわかります。

店の前を通るお客様が見えているのか？　ここが、陳列の一番大切なことだと思うのです」

私はこの竹山さんの言葉を聞いて確信しました。**「お客様が見えていない店仕事は、すべて作業だ。そして、お客様が見えている店仕事は、たとえ作業であっても、すべて接客販売なんだ」**と。

だから、竹山さん以外が陳列して売れないのは、本部の指示通りの陳列だったり、自分の売りたい商品をただ単に並べる自己中心的陳列となったりしているからだと思いました。

そこには、肝心のお客様がいないのです。

接客販売も同じではないでしょうか。お客様との会話のキャッチボールのない接客や、お客様のニーズにお応えしていない提案、単に店の打ち出し商品を紹介するだけの接客。

これは、極論を言わせてもらえば、接客ではなくて作業です。販売ではなくて作業なのです。ここまで書けば、あえてこれ以上言う必要はないかもしれませんが、お客様が見えていないということなのです。

例えば、単調な清掃作業も、「お客様のために、きれいにショーウィンドウを磨こう。お客様に気持ちいいと思っていただけるピカピカのガラスにしよう」と掃除をしたなら、それは、もう接客なのです。

あなたのすべての店仕事は、接客ですか？　それとも作業ですか？

店に出勤したら、すべての仕事がお客様のためにつながっていなくてはならないのです。

丁寧すぎて、元気すぎて、顧客ができない場合もある

「柴田先生、なかなか顧客ができないのですが、私の接客、何が悪いのでしょうか？」

先日、講演先のアパレルショップの販売員に聞かれました。聞いてきたのは、販売歴3年、真面目そうで仕事熱心な様子の20代の女性。講演後に少し時間があったので彼女が働くお店に行き、少しその接客を見させてもらいました。

そして、帰り際に私は、こうアドバイスしました。

「丁寧すぎて、お客様が疲れちゃうんじゃないですか？」と。

女性店員は、「丁寧すぎですか……？」と、難しそうな表情をして口を閉ざしてしまいました。それから私は説明しました。

その女性店員は、元気よく、かつ本当に丁寧に接客をしていました。だから、なぜ顧客ができないのか悩んで当然だと思います。ただ、**丁寧すぎてお客様との心の距離**

が縮まらない。丁寧すぎて店員の本音が見えない。丁寧すぎるからお客様も丁寧に返さなきゃと、少し疲れ気味。それが私の所感だったのです。丁寧なことは悪いことではありません。ただ丁寧〝すぎる〟のです。

お客様は、販売員の鏡です。丁寧に接すれば、お客様も丁寧に返し、ぶっきらぼうに対応すれば、お客様もぶっきらぼう。笑顔で接すれば、お客様の表情もほころびます。

もし、販売員が、お客様の自然な気持ちや意見を引き出したければ、まず店員が自然体な接し方をしなければいけないということなのです。

話は変わりますが、一時期、私は毎朝ファーストフードのドライブスルーで朝ごはんを買って事務所に行っていました。そのお店には30代の女性スタッフがいて、よくその人の接客に当たっていました。この女性の接客が、ファーストフードらしからぬ自然体な接客でびっくりしたのです。どんな感じかと言えば、

「今、ナゲット揚げるから、もうちょっと待ってくれます～？」

こんな感じです。文字にするとタメ口みたいで少し失礼に感じますが、実際の口調

は、笑顔でとても感じがいい。肩に力が入っていないような自然体の対応。無理に元気をつくっている他の店員の接客とはまったく違うものでした。ついついこちらも自然に接することができる感じです。だから私も、「あー、ありがとう！」と自然なタメ口が出てしまいます。これは、きっとこの人の持ち味ですし、極端な例ですが、私が言いたいのはこういうことです。

- **むやみに元気にされても、温度差がありすぎて困る場合がある**
- **丁寧すぎて、疲れる場合がある**
- **表情をつくっていることがわかって、本音が見えず、親近感が湧かない場合がある**
- **つくり笑顔の目が笑っていなくて、恐く感じる場合がある**

元気がない、覇気がない、無表情、ぶっきらぼう、こんな接客は論外ですが、丁寧すぎる、元気すぎる、表情をつくりすぎる、こんな場合でも、距離が縮まらないことがあるのです。

なぜ、お客様は顧客になるのでしょうか。**その店員の接客だと、ストレスなく買い**

物ができるからです。言い換えれば、**何でも相談でき、自然体でいられる店員**とも言えます。大切なのは、いかに好感度の高い自然体な会話ができるかです。これこそが顧客をつくる接客の極意です。

どんな販売のマニュアルを読んでも、「丁寧に、元気よく！」と書いてあるので、販売員はそれを忠実に行なうことでしょう。しかし、そこで止まり、丁寧な接客だけで行き詰まってしまう中堅販売員がたくさんいます。**丁寧だからといって感じがいいとは限らないのです。丁寧だからといって売れるわけではないのです。**

そんな販売員の皆さんに提案します。〝お客様の自然体を引き出す、店員の自然体接客〟こそが、あなたがステップアップすべき次の接客ステージになるのです！

お客様第一主義

「一生に一度しかない大切な日なんだぞ！　わかってんのかぁ？　どう責任とってくれるんだっ！」

私が呉服の「やまと」の新人だった時のことです。新入社員の私と当時の店長は、振袖を買っていただいたお客様の経営されるパン屋さんの工房で深く頭を下げながらお客様のお叱りの言葉を聞いていました。

今でも鮮明に覚えています。お客様のお嬢様の成人式3日前のことです。年末に振袖を購入された母娘様へ、仕上がった振袖をお届けしに店舗兼ご自宅に納品させていただきました。お父様とお母様とお嬢様が迎えてくださり、私は出来上がった振袖を箱から出し、ご確認いただきました。その瞬間、お母様とお嬢様の表情が変わってい

くのがすぐにわかりました。そしてすぐさまこう言われたのです。

「この振袖、うちが注文したものじゃない！　うちが注文したのは赤い振袖で、こんな緑の振袖は、うちのじゃないわ！」

「ええっ！」驚いたのは私も同じです。私が販売したのは確かに目の前の緑の振袖だったからです。万が一と思いつつ、すぐに伝票を見ながら会社に電話をし、商品が入れ違っているのではないか確認を取りました。

確かに、目の前にある緑の振袖が伝票に記載してあり、値段も同じ、社内での入れ間違いもないようでした。

ただひとつ、思い出したことがありました。それは販売当日、最後までお客様は赤い振袖と悩んでらっしゃったということです。最後の最後の帰り際、最終的には「長く着られるから」という理由で緑色の振袖にされたのを思い出しました。

私は恐る恐るそのことをお客様にお話ししました。間違っていない自信もありましたし、「やまと」では、着物1枚1枚にバーコードがあり、レジでバーコードを読み取り伝票をつくるので、たとえ人的ミスですり替わったとしても、バーコードで確認ができるからです。

「確かにこの振袖のはずなのですが……」と再度ご説明しました。すると、お母様のお顔が真っ赤になり、「柴田さん！　私が間違っているっていうの？　あなたが間違っていると認めたくないのね。確かに、この振袖と赤い振袖で悩んでいたけど、最終的にはかわいいのがいいって『赤色の振袖』に決めたのよ。あなたが間違ったんでしょ。どうしてくれるのよ？」と、私が話せば話すほど、お怒りのボルテージは増すばかりでした。

最終的にはお父様から、「あんたじゃ責任とれないだろうから、店長を呼んでくれ！」と言われ、私は電話で店長を呼びました。すっ飛んで来た店長と一緒に頭を下げながら聞いた言葉が冒頭のお怒りのお言葉でした。

お母様は激怒され、お父様は無言でにらまれ、お嬢様は泣いてらっしゃいました。もはや、赤の振袖とか緑の振袖とか、そんな次元の話ではなくなっていました。一生に一度の成人式の振袖を間違えたミスに対してのお怒りが鎮まらなくなっていたのです。

私と店長はお客様の気持ちが落ち着かれるまでずっと頭を下げ続けました。30分ほど経った頃、お父様が「もう頭を上げてくれ。間違えたものはしょうがない。が、あなたたちは、一生に一度しかない親子の絆の商品を売っているという責任っていうものをもう一度考えて仕事をしないとだめだぞ！」と吐き捨てるように言われました。

結局、３日前では赤い振袖のお仕立ては成人式に間に合わないので、代金を返金させていただき、緑の振袖を無償で成人式当日に着ていただくという提案でご納得いただき、何とか事態は収まりました。

その帰り道、店長から言われた言葉が何十年も経った今でも忘れられません。私は迷惑をかけた店長にひたすら謝りました。すると、

「柴田、お前が振袖を間違えて仕立てに回したんじゃないことはわかる。うちのバーコードシステムは商品を間違えないためのシステムだし、販売の補助に入っていたAさんも緑だったと言ってたしね。お客様はたくさんの振袖を見て決めた時、選んだ振袖がうろ覚えになってしまうことも稀にあるんだよ。俺だって緑色の振袖だったんだろうと思ってる。

だけどな、たとえお客様が、赤を発注されたと間違って思い込んでいらっしゃったとしても、それを問い正すのが我々の仕事ではないんだよ。赤だと思っていらっしゃ

るならばそれはそれで、**我々がいかにすればお客様のご納得いく対応ができるのかを考えることが客仕事で大切なこと**だ。

今日、見ただろ。ある意味お客様は怖い。その怖さを胸に置いておけ。牙をむいたお客様がいかに怖いか。ここを学ぶことが客仕事でもある。

言い方は悪いが、『お客様をなめたらあかん』ということ。だからこそ、お客様のお気持ちを第一に考え、対応してあげることだ。これがお客様第一主義ってやつだよ」

新入社員だった私は、お客様が赤の振袖だったとおっしゃった時、「いや、あの時、迷われていたのは確かに赤色だけど、最終的に決めたのは緑色ですよ」ということをいかに説明するか、お客様が間違っていることをいかに正すかと、本能的に思っていた気がします。

でも、帰り道での店長の話を聞いて、そんなことはどうでもいいことなんだと気づきました。悪気なくお客様はそう信じてらっしゃるのだから、言葉はよくないかもしれませんが、だまされてあげるのも我々商売をする者の懐だと思ったのです。

この話には続きがあり、成人式後、緑の振袖を返却に来られたお客様が、「本当にお世話になりました。無事、成人式を終えることができました」と、向こうから御礼を言ってくださったのです。しかもその日、お母様は着物を購入してくださり、結果、お嬢様が嫁ぐ際の着物一式を買っていただくまで、ずっと私の顧客となってくださいました。

この件から教わったことは、決してマニュアルにはない尊い経験です。

たとえ苦情やクレームがあっても、お客様を第一に考えた対応をすれば、怒らせてしまったお客様にもファンになっていただける。つまり試されているところなのだ、とお客様から教えていただきました。

店長はそれを**「お客様第一主義」**と呼びました。

私も今は、講演等で語らせていただいています。お店の研修や会議も必要ですが、販売員にとって最も大切なことはいつも「お客様が教えてくれる」ということです。

なぜ、「売れる販売員」「売れない販売員」が出てくるのだろう

商品が売れる、売れないという行為は、大変不思議なものだと私は思っています。お客様に対してあきらかに不快感を与えてしまう言動がある店員は別としても、たいていの販売員は、ロールプレイングで販売トークや行動パターンを練習し、同じような言葉を使いコミュニケーションをとっています。売れる販売員は、売れる特別な言い回しを使っているわけではありません。それなのに、相手がどう感じるかに大きな違いが出てくるのです。

私が、呉服のトップセールスマンだった頃、展示会での販売で、数名の後輩販売員が、私の近くで作業しながら私の販売を聞いていたのを覚えています。そして、私の発する言葉をずっとメモしていました。そこで、私はこう伝えました。「真剣にメモするよりも、真剣に聞いていたほうがいいよ。販売は耳で、目で覚えていくものだか

らね」。

実は私もその昔、新人だった頃、売れる先輩の販売をその隣で作業をする振りをしながらずっとメモをして、聞いていました。そして、帰りの電車の中で先輩の販売を思い出しながら暗唱したりしていたのです。当時の私には、太田さんという理想の先輩がいらっしゃったので、その太田先輩の販売をいつもメモしたり、さりげなく近くで聞いたりしていました。

そんなある日、展示会のお昼休憩で一緒になった太田先輩からこんなことを言われました。「柴田、**いくらメモして勉強しても販売は上達するわけじゃないぞ。販売って言葉じゃないからな。少なくとも、〝何を言っているか〟ではない**」。

メモをしちゃダメなんて困ったな、と思った私は率直に、「じゃあ、どう学べばよいのですか？」と聞いてみました。すると太田先輩はこう答えてくれました。

「販売を何かにたとえるならば、俺は、〝漫才〟に似てると思うんや。よく考えてみぃ。漫才師の笑いなんて、ネタありきと思ってる人も多いかもしれへんけどな。ネタは3割と言われてる。残りは漫才師本人の人的な魅力や。表現力や。

例えば、しょうもない駆け出しの漫才師の、しょうもないネタの漫才を聞きに行ったとしよう。案の定、客席はドン引き。が、今をときめくダウンタウンが同じネタをしゃべったらどうなる思う？　きっと、お客さんの反応はまったく違う。会場は爆笑の渦に包まれるはずや。使ってるネタは一緒、しゃべってることは一緒なのにな。なんでこんなに受け手側のお客様に大きな差が生まれるんやろか？

ここがわかれば、売れる販売員の入口の鍵を手に入れたも一緒やで。わかるか？柴田！」

そして先輩はこう続けました。

「俺の販売を隣で聞きながら、言ってることをメモに書いとるやろ。お前は、今の例でいうところの漫才のネタを書き写しただけなんや。ダウンタウンの舞台袖にいて、ネタをノートに書いてても何の役にも立たん。それと同じことをやってるんやで」

「では、何をしたらいいんですか？」と、売りたい一心だった私はつい直球で聞いていました。

「裏でこそこそとメモるんじゃなくて、展示会場で、**俺の販売を耳で聞いて、お客様の表情と俺の表情をしっかりと頭に叩き込むんや。**最初は、『今日は見るだけやで！太田さん！　ほんまやで』なんて言っていたお客様が、俺がどんな表情や語り方をすることで、お客様の表情を変えていくかを感じるんや。ある時、**お客様の表情が、目は真剣で、かつ顔がほころぶ時がある。そこが、お客様がスコーンと、言い方悪いけどな、落ちた瞬間や。そこを目の前で、ライブで見る、空気を感じるんや。**

面白くない接客の時、ぼちぼち帰りたいなって時、興味ないって時。どのお客様も同じ目、同じ表情をする。

逆に、買うと決めたお客様も、同じすっきりした目、同じ明るい表情をしてらっしゃる。それを見ただけで、だいたい、この販売の行く末にどんな結果が待っているかが、わかるってもんだ。もし、前者ならば、流れを変えなければ絶対にお客様は変わらへんよ。そこに気づくことやな。

漫才もライブなら、販売もライブなんや。だから、メモって暗唱して練習しても売れるわけないわ。売れない店員は頭で考える。売れる店員は体で感じるんや」

それから私は、メモを取ることをやめ、できるだけ売れる販売員の接客を生でライブ視聴することにしました。お客様のどんどん変わる目、表情を直に見て、販売の大きな流れやターニングポイントを肌で感じる学習法に変えていったのです。

おかげさまで、その5年後、全国2000名の「やまと」販売員のトップセールスマンとして、逆に後輩にメモを取ってもらえる存在になれたのです。

商品が同じで、お客様が同じでも、売れるも売れないも販売員次第と言われるのはそこにあるのです。

我々は同じ販売マニュアルで販売の練習を行なっていますが、大切なのは、マニュアルに書いてあることではなく、あくまで**目の前のお客様をしっかりと見て、気持ちを察して、臨機応変に販売ストーリーをつくっていくこと**なのです。

こんな時代だからこそ、接客に必要なのは、愛ある対応！　やっぱ、愛でしょ。

「『またこの店員に会いたい！』と思ってもらえる接客のコツを教えてください！」

これは、東京にある某商業施設での接客セミナーの質疑応答で出た質問です。ここ数年、接客セミナーや講演で必ず出てくる定番質問になってきた気がします。

少し前ならば、「売れる接客のコツを教えてください」と聞かれることが多かったのですが、最近は、店員自身が、「販売仕事の意義ややりがい」を探しているような質問が多くなった気がしています。

そして私は、そんな質問をしてくれた方に敬意を払い、こう答えています。

「お客様は、店員の接客に〝愛〟を感じれば、必ずまた会いたいと思ってもらえます。大切なのは、愛だよ、愛！」と。

たいていは皆さん、このくさい返答にポカンとした表情をされるのですが……。

愛といっても、私が言いたいのは、なにも抽象論の「お客様愛」ではなく、**愛ある対応を形にして、表現しましょう**、ということです。実は、〝愛ある接客〟とは、身近にあるちょっとした視点なのです。

例えば、私の行きつけのコンビニは愛に満ちています。ある主婦のパートさんは、お釣りを返してくれる時に、お釣りが落ちないように丁寧かつさりげなく両手で渡してくれます。また、手の空いた店員さんが、お客様が来店、退店されそうだとわかったら、ドアをそっと開けて待っていてくれます。レジでは、お客様が財布からお金を出す際は、目線を外します。レジ袋に入れる時には、商品を丁寧に扱ってくださっているのがわかります。それをすべて、さりげなく行なっているのです。

訓練された声出しや、過剰な応対にお客様は「いい接客」と感じるわけではないのです。

お客様は、気配りあるさりげない行動に〝愛〟を感じています。それが、その店の絶対評価として頭に刷り込まれていくのです。

いわゆる〝感じる〟部分です。私はこれを〝愛ある接客〟だと思っています。

売る方法を考えるのも大切ですが、私たちは売ること以上に、愛ある接客とはどんな接客なのかと、考えていくべきだと思うのです。例えば「お帰りのお車、運転気をつけてくださいね」といった、お客様と店員を越えた気配りある一言だったり。それこそが、お客様が好きな店であり、お客様が好きな店員であり、〝愛ある接客〟なのです。そして、お客様が好きになり、また来てくださる店こそが、最終的に売上がつくれる生き残る店です。

どこの店を見ても商品は同質化し、セール乱発の割引合戦ばかり。しかも、ネットショップが成長し続けている昨今。どこで、差別化をするのでしょうか。

我々販売員のできる接客の差別化。それが、〝愛〟なんです！

売れない時代の、「売りたい接客」にお客様はうんざりしています。つまり、愛ある接客に飢えているのです。

これから求められる販売員の新習慣は、その愛ある接客とはどういうものかを理解し、それを習慣化してさりげなくできる店員です。商品は同質化し、どこで買っても同じなら、お客様は値段で決めます。そこで私たち自身が、どこで買っても同じなら、お客様は気持ちよく買わせてくれる愛ある接客をしてくれる店員で決めるという意識に変えていかなければならないと思うのです。

3章

お客様との距離を縮める販売員のルール

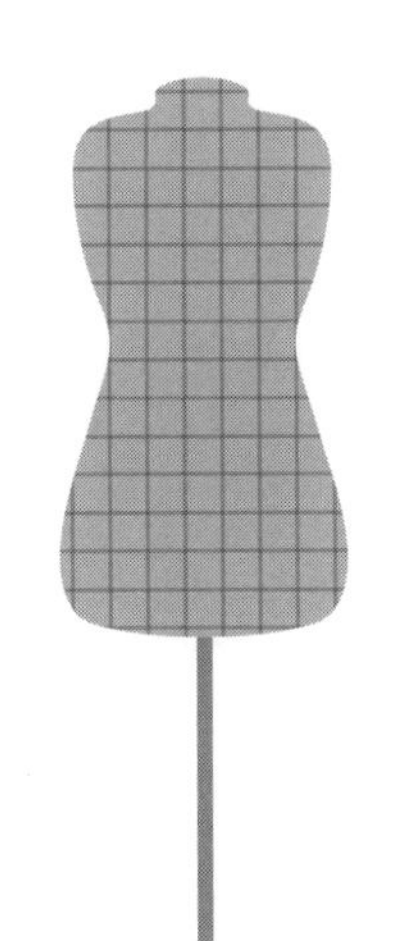

下見をさせないお店なんて嫌だ
——お手伝いさんのススメ——

呉服の「やまと」時代、吉田さんという「2000名の販売員の中で一番の売上」を誇る女性の大先輩が同じ店舗にいらっしゃいました。

呉服に限らず、宝石や時計、高級服などの高額買い回り品の業界で、売れる店員と売れない店員の分かれ目は、入店されたお客様と会話を生み出せるかどうかにかかっているといっても過言ではありません。しかし、高額なだけにお客様の警戒心は強く、なかなか心を開いて話をしていただけないのです。お客様の心の紐をうまくほどけるかどうかが販売の肝となっていました。

当然、売上ナンバーワンの吉田さんは、一見の入店客とも話し込むのがとても上手で、まだまだ半人前の私にとっては、魔法のように見えていました。そこで、休憩時間が一緒になった日、相談してみました。

「なかなか新規のお客様から話してもらえないんです。吉田さん、何かいいコツありませんかね？」

するると吉田さんはさらりとこう言ってくれました。

「そんなの簡単よ。**『今日はゆっくりと、お下見してってってくださいね』と、にこっと笑って言うだけよ。**」柴田さんは、下見もできない店に入りたい？　私だったら嫌。そんな店」と。

あまりに簡単すぎる返答に少し戸惑ってしまいましたが、考えれば考えるほどその通りだと思えてきました。


お客様が入店する理由、それは「下見がしたい」のです。 そこに、売る気満々の店員が現われたら、お客様の入店目的である「下見」さえもできないのです。

吉田さんの言われたことは、シンプルな真理で、ぐいぐいと私の心に入ってきました。そして、吉田さんはこう続けました。

「下見という言葉は使いづらいかもしれないけど、お客様が一番安心する言葉なのよ。**お客様は『今日は下見でいいんだ』と思った時から、気持ちもほぐれて、会話がはじまるのよ。** そうしたら、しめたもの。

何を下見に来たのか？　どんな着物を下見したいのか？『下見』をキーワードに

ご要望を引き出し、精いっぱい、お客様の満足のいく下見をさせてあげればいいの。**きっと、本当に満足されたなら、『下見』が『購入』に向けて徐々に変わっていくわよ。ね！　ちゃんと『下見してってください』って言ってみて**」

私も、下見したら買わないといけない空気感の、下見さえできない店には入りたくないし、そんな店には未来はないだろうと思います。下見の延長にこそ、満足な買い物があるし、それを実現させてあげるのが我々販売員の仕事なのです。

不況になればなるほど、客数は落ちていきます。なぜ、客数が落ちるのでしょうか。その一因は、売上がほしいがために売上に対するノルマを厳しくする店が増え、同時に売りたい一心の販売員が増え、結果として、下見さえもろくにできない店がたくさん増えるからです。

そんな気づきをナンバーワンプレーヤーの吉田さんから教えてもらったのです。

最高の下見（加えてその先の購入）のお手伝い役が我々の仕事であり、そのお手伝い係になり切ることが、売上と信頼を手に入れるのです。

余計な一言がコミュニケーションの極意

呉服の「やまと」で大阪の店舗に配属された新人の頃、お客様との会話が続かなくて、すぐにシーンとした空気になることに悩んでいました。もちろん、ベテラン販売員の皆さんは会話を膨らませる達人で、次々に会話が展開されていくのを見て、どうしてだろうといつも不思議に思っていました。

そんな時、女性の先輩から「**もっと自分を売り込む余計なフレーズをつけて紹介してみたら？ きっと、面白いお兄さんだなぁ、って会話も弾むわよ**」と笑いながらもアドバイスをいただきました。

そこで、富山県出身だった私は、お客様との最初の会話の自己紹介時に「やまとの柴田と申します。生まれは富山県なんです。でも実家は薬屋じゃないですよ」と、つまらない（笑）余計な一言を入れて自己紹介をはじめました（富山県は「富山の薬売り」が有名なのです)。

最初は半信半疑だったのですが、これが見事にお客様の「クスッと笑い」を誘って、親近感を持ってもらったり、それをきっかけに話題が膨らむことが多くなったのです(もちろん、真顔でスルーされる時もありましたが……)。

また、私の経営していたアパレル会社に、長谷川さんというトップ販売員がいました。とにかくお客様とコミュニケーションをとるのが上手な女性販売員です。彼女は、お客様への自己紹介の時は必ずと言っていいほど、「ジャニーズの嵐が大好きな長谷川と申します！　特に翔くん」という具合に、さらりと余計とも思える一言を添えて自己紹介をします。同年代の女性のお客様ならば、そこを起点にして「えーっ、お客様は松潤ファンなんですか？　嵐ファンに会えてうれしい」などと、コミュニケーションを広げて商品とは関係ない話題からアプローチをしていくのです。

もうひとつ、長谷川さんの秀逸な自己紹介は、兄弟の話題になった時に現われます。通常、「兄弟はいますか？」と聞かれたら、「はい。兄がいます」というように答えるでしょう。それが、長谷川さんの場合、「そっくりな兄がいます」と言うのです。「そっくりな」という一言に相手が食いつき、「クスッと笑い」を誘って、会話が広がっていくのです。

ある日彼女に、「いつも接客が盛り上がってて、楽しそうでいいね」と褒めたことがあります。すると、**「だって商品の話だけだとすぐにお客様は帰っちゃうんです。だから商品の話を聞いてもらうためにも、まずは私を知ってもらうっていう、しょうもない努力をしてるんですよ」**と笑って言っていました。

彼女は本能的に売り込む真理を感じ取っていたのだと思います。結果として、顧客数が多い彼女がトップの売上をつくっていました。

「そんなことで変わる？」と思われる方もいるかもしれませんが、一度、余計な一言をつけ加えた会話を実践してみてください。

なんといっても、店員とお客様は初めて会うので、相手のことを何も知らないのです。売買だけの関係なのだから、余計な情報は必要ないと思われるかもしれませんが、売買の関係を築き上げるためには、より互いを知るという段階が必要なのです。

よく売る販売員ほど、売買以上の関係、もしくは売買の関係を築くベースとなる人間関係を構築することに真剣です。ここがわかればしめたもの。ものを売るということのベースが見えてくるでしょう。

それに一役買うのが「余計な一言コミュニケーション」です。前項で登場した「やまと」ナンバーワン販売員の吉田さんも、若い女性に振袖を販売する時、「単なる『呉服屋のおばちゃん』じゃなくて、『やまとのお母さん』やと思うてね」と、おちゃめにつけ加えていたことが印象的でした。

余計と思われる一言が余計ではなく、無駄な一言が無駄ではない。それが、会話を広げる、膨らませるコミュニケーションのコツなのです。

販売マニュアルには余計な一言は書かれていません。だから、販売マニュアル通りではなく、販売マニュアルをベースに味つけをしていく販売員が売れていくのです。

「愛してる」という言葉よりも、「なぜ愛しているのか？」を聞きたい

私が社長だった時代、社内の若いスタッフによくこう言いました。「かわいいですよね！　と褒める以上に、『なぜかわいいのか』を言える販売員になりなさい」と。

これは、自社のスタッフにはもちろんのこと、自分自身が洋服店で接客を受けたり、またはロールプレイング大会の審査委員をさせていただく時にも、いつも思うことです。アパレル店員の代表的な褒め言葉は、「かわいいですよね」「かわいいと思います」「うわっ、かわいい！」です。それはいいのですが、「かわいいですよね」と褒めた割には、その理由が出てこない。それだけで終わっている販売員が多すぎます。

また、褒め言葉で次に多いのが、「似合います」です。中には、何を着てもお約束かのように「似合います」と、ろくに見ずに条件反射のように連呼する販売員もいたりします。

いろいろなお店で聞き慣れているお客様は、「来た！　いつものセリフ」と思っています。または、「売りたいだけで、適当に言ってるな」「誰にでも言ってるんだろうな」と、少し斜に構えて聞いているお客様もいるでしょう。

お約束の言葉とはいえ、それが誰にでも、何にでも連発されると、その言葉は価値を失います。言わないよりは言ったほうがいいのですが、下手な褒め方をされることに嫌悪感を抱いているのが今のお客様です。理由がついてこないからです。

今は、ものや情報、そして店舗が溢れ返り、お客様の接客への選定眼は肥えています。単に「かわいい」や「似合う」では、お客様の心は踊らなくなっているのです。

本項のタイトルを、『『愛してる』という言葉よりも、『なぜ愛しているのか？』を聞きたい』としたのもそういう理由です。恋愛論を語るつもりではないですが、これは販売にも通じることだと思うのです。

好きな人とつき合っていると、ついつい「ねぇ、私のこと愛してる？」や「俺のこと好き？」と確認したりしませんか？　いつも確認したい、「愛してる」という言葉が聞きたいというのが恋愛の常かもしれません。

でも、本当に聞きたいのは、「なぜ愛しているのか？」ということだと思うのです。愛してるという言葉以上に、愛している理由を聞きたい。「愛してる」は万人ワードなのですが、**大切なのは、「自分だけを愛する理由」**だからです。

「ねぇ、私のこと愛してる？」

「あぁ、愛してるよ」

「ねぇ、ねぇ、どこが好きなの？」

聞いたほうは、「何と言ってくれるかな？」と、期待して待っているのです。

販売も同じ。「かわいいですよね」と使い古された褒め言葉よりも、「なぜ、そう思うのか？」が聞きたいのです。これが、説得力のあるトークとなるわけです。

あなたは「かわいい」の次の言葉、「かわいい理由」が言えていますか？

「似合いますね」の次の言葉、「似合う理由」を言えていますか？

なぜ、アメリカ人はニックネームで呼ぶのか？

「お客様のお名前を早く聞き出し、それ以降はお名前で呼びましょう」

これは、私が1億の年間売上をつくった時にこだわっていた接客スタイルのひとつです。

アメリカへ行ったことがある方は感じたと思いますが、アメリカでは知り合いになると、ニックネームという親しみを込めた呼び名を決めて呼び合います。日本語で言えば愛称です。アメリカはコミュニケーション王国です。多民族が同じ国で生活しているのですから、コミュニケーションなくして生活が成り立たないと言っても過言ではありません。

私には、アメリカの学校に行き、アメリカ人と結婚し、ロサンゼルスにかれこれ30年住んでいるいとこがいます。年に一度、帰国した時に会うのですが、旦那さんはアメリカ人なので、私のことをニックネームで呼びます（ちなみに私は昌孝（まさたか）なので、マック」と呼ばれます）。

一度、「なぜ、名前ではなくニックネームなんだろう？」という文化の違いの話になったことがあります。アメリカ人の彼はこう答えました。

「ニックネームは愛情の証なんだよ。ぐんと親しみが増すだろう？ ニックネームで呼ばれたほうがより心が近くなるんだ。**親しいからニックネームで呼ぶんじゃないんだ。親しくなるためにニックネームで呼ぶんだよ**」

「親しくなるためにニックネームで呼ぶ」という言葉が心に残りました。なるほど、日本は、まだまだ島国文化、村文化。「知らない人は疑ってかかれ」的な見解を持つ人も少なくありません。しかし、自分から親しくなろうという意志なくしてコミュニケーションは成立しないし、お客様を名前で呼ぶ本当の重要性というのは国民柄理解されていないかもしれないなと、いとこの旦那さんを見て思いました。

話は変わりますが、私の家では犬を飼っています。もちろん名前をつけて呼んでいます（ちなみに「ルク」という名前のキャバリアです）。

そのルクを買ったペットショップで聞いた話ですが、ペットショップでは、買われるまでの仔犬に名前はつけずに飼育するらしいのです。

理由は、名前をつけると愛着が湧くからです。それはショップ店員も犬も双方ともにだそうです。仔犬が店員になついてしまうと、買われた時になかなか新しい飼い主になつかなくなるらしいのです。


ここまで書けば、わかっていただいた方も多いと思いますが、我々販売員は、初対面であるお客様と短い時間で心の距離を縮めるのが仕事です。

もちろん、さすがに馴れ馴れしくニックネームで呼ぶことはありませんが、お名前を知った時から、「お客様」ではなく、「田中様」と名前でお呼びするのは、その心理作用が知らずに働くからです。


「田中様、こんなワンピースはいかがですか？」

「田中様、お時間はまだ大丈夫ですか？」

「田中様、レジはこちらにございます」

「田中様、お会計は税込で○○円となります」

という具合に、必ず、名前をつけて会話をしてみましょう。そのうち相手もあなたのことを「〇〇さん」と、名前で呼びはじめてくれます。これこそが、初対面コミュニケーションの簡単でありながら、最も効果的なコツです。
親しくなるために、お名前で呼ぶのです。

蛇足の話になりますが、企業の採用担当をしている知人がこう言っていました。「人は、自分を名前で呼んでくれた相手に好感を持ち、記憶に刷り込まれ、覚えてもらえる確率が上がる」らしいのです。その知人は「だから社内では、まず相手の名前や敬称を言ってから話をする癖をつけましょう」と社員に指導しているとのことです。

これまで、基本だけどあまり指導されてこなかったお名前対応。時代は変わっても、人と人の応対において、名前に対する意識は普遍的だと思っています。**新習慣として、必ず名前を会話の冒頭につける癖を身につけてみてください。**ちょっとしたことですが、そこが大切です。必ず、相手との関係は良好に変化していくはずです。
あなたは、お客様を名前でお呼びしていますか？

会話の〝間〟を大切にする販売員が売れる

「レディス&ジェントルメン〜」

　この呼びかけからはじまるスピーチを聞いたことがありますか？

　その代表がアメリカの大統領スピーチです。大観衆の前で演説するアメリカ大統領のスピーチにこそ、伝えるコツが隠されています。

　「レディス&ジェントルメン」の呼びかけの後で必ず一旦、「間」が入ります。そして、大統領は、少し観衆に目をやり見渡します。すると、ざわついていた大観衆が水を打ったかのようにシーンとなるわけです。

　これが**「スピーチのつかみ」**というものです。スピーチの本来の目的は、〝伝える〟ことにあります。うまくしゃべるのが目的ではなく、うまく伝えるということが目的なのです。うまく伝える話し方として間を活用しているわけです。

特に大統領は、スピーチの中でも間を入れて、同時に観衆を見つめ、「何を言うんだ？」と観衆の注目を集めてから、大切な部分を話します。また、ゆっくりとした出だしではじまるスピーチも、本題に入ってくると、テンポよく、声も幾分大きくなります。そこに加わるのが、身振り手振りです。今、この原稿を書いている時点での大統領でもあるトランプ氏のジェスチャーも有名ですし、前大統領のオバマ氏も大きく指をつき上げ「Yes, we can!」とやっていましたね。身振り手振りも相手をひきつけ言葉を印象づける大切な話し方のひとつです。

話を戻しましょう。前述したように、間というものを有効に使えば、より伝わる話し方になるのが、わかっていただけたでしょうか。

日本は、コミュニケーションにまだまだ後進国で、それゆえ、話し方、聞き方についても欧米人にはかなわないかもしれません。

とは言うものの、**私たち販売員だって「プレゼンテーションのプロ」として給与をいただいています。**ここから、仕事に活かせるスキルを自分に活かしていくことはとても大切だと思います。

販売において間が大切な理由とは何でしょうか。販売員には、しゃべるのに精いっぱいという人が少なくありません。いや、少なくとも、そう見える方が多い。特に、ロープレ大会を見ていると、焦っていつも以上に早口になっている方が多く、もったいないと感じる時がたくさんあります。しゃべりに間がないのです。

間を持つことを怖がっている方もいらっしゃいます。私はこれを「販売員の〝間〟恐怖症」と呼んでいますが、特にお客様から「次回にしようかしら……」とか「気に入ったけど、お値段がちょっと高いわよね」などの断られそうな空気が出てくると、途端に、矢継ぎ早に弾丸トークをする人がいます。余裕がなくなり、ついつい早口になってしまうのです。

そうすると、余裕のない店員に見えてしまい、お客様に伝わらないどころか、よりお客様が店を出ていく時間を早めている気がします。

逆に**間をうまく使い、要点をしっかりと伝えている店員は、安心感と共に、説得力が高まります。**早口になっていると気がついた時は、深呼吸のつもりで、間をうまく挟んで話していくことが大切です。

また、**自分の会話シェア率を半分以下に落とす**ことも心掛けてみましょう。つまり、傾聴力を身につけることです。

販売力というと、トーク力と間違える方も多いのですが、私は逆だと思っています。お客様に話をしていただき、それをしっかりと聞き、それに対しての返しを的確にすることが販売力につながります。

お客様の話には、販売を成功させる秘密がたくさん詰まっています。販売ストーリーづくりのネタやヒント、ひいては販売員の説得力の種になるものがあるのです。

ですから、もっともっと聞き上手になって、お客様にしゃべってもらいましょう。「あなたの言うことを聞いてますよ」とサインを送ったり、時には「今の部分、もう一度、言っていただいてよろしいですか？」と聞き直してもいいじゃないですか。それだけ真剣に聞いている気持ちが伝わります。

●無理に話そうと焦らない

● 間をつくって、ひと呼吸してから、肝心なことを言う
● お客様のネックトーク（ネガティブ反応）に対して早口で対応しない
● 意識的に自分の話のシェアを半分以下にする
● お客様の話には販売決定のための金言が散りばめられていると思って真剣に聞く
● 自分が話す時以上に、表情や身振り手振りをつけてお客様の話を聞く

以上、あなたはできていますか？　できていないならば、ぜひ実践してみてください。販売の結果が激変することをお約束します。

弾丸トークは、間違った習慣で、間を大切にすることが売れる販売員の新習慣なのです。

トヨタは自社競合で同じ車を売っている

4年前、トヨタ自動車の販売ディーラーのひとつである「ネッツトヨタ」より1本の電話が私の元に届きました。あの純利益2兆円を超す世界的な自動車メーカー「TOYOTA」の販売ディーラーです。そんなトヨタから私に何の電話だろうか、車の売り込みだろうか、なんて思いながら電話に出ると、想像を超えた内容でした。

「接客の講演をしてもらえないか？」というのが電話の趣旨です。聞くと、私の処女作でもある『「ありがとう」といわれる販売員がしている6つの習慣』（同文舘出版）が、トヨタ販売ディーラー網の推薦図書に指定されているらしく、それをお読みいただいた上で、地元のネッツトヨタがご依頼くださったのです。

私は大変うれしく思ったのと同時に、すぐに疑問が頭に浮かびました。自動車売上国内トップの大企業において、私のような小さな町からはじめた中小アパレルの社長の話がなぜ必要なのだろうか？　トヨタほどにもなれば、ネームバリューだけで信頼を得て、それだけでも十分に売ることが可能なのではないか？　私のような小売販売の対面ノウハウが必要なのだろうか？　といったような疑問です。

そこで、素直に電話口の営業部長に聞いてみました。

「大変ありがたいお声がけをありがとうございます。ただ、御社のような世界的な大企業の販売において、私がお役に立てることはあるのでしょうか？」と。

すると、ネッツトヨタの営業部長から予想外の答えが返ってきました。

「はい。大いにあるのです。確かに我々は、自社の自動車に誇りを持っておりますし、自信もあります。おかげさまで、業界1位の売上台数となっております。

もちろん、他メーカーと、営業マンの人的サービスによって差別化を行なっていきたいという思いがあり、今回電話いたしました。

しかし、それ以外に柴田さんにお願いしたいことがあるのです。私どもは、4つの販売チャネルを持っております。トヨタ、トヨペット、カローラ、ネッツの4社です。この4社は互いに競合し合っております。わかりやすく言いますと、プリウスという車種は、4つの会社すべてが販売しております。すなわち、自社内競合が同地区で行なわれる場合が多々あるのです。

4社が独立採算制なので、ひとつのご家庭に、ネッツの営業マンと、カローラの営業マンが同じプリウスを売り込みに行くということが、現実にはないとは言えないのです。

では、その2社の営業マンがどこで、自社グループの営業マンとして差別するかと言えば、これまでは物的サービスでの競争でした。いわゆる値引き合戦みたいなものです。しかし、これでは本当のお客様満足は得られないと気づいていたのです。

そこで私たちは、よりお客様に満足していただく営業を行なって、人的サービスに差別化を図りたいと思っているのです。

『トヨタの営業の人』じゃなく、『トヨタの○○さん』と、トヨタの看板ではなく名前で呼ばれる営業マンを目指していきたいのです。

柴田さんの本を読ませていただいて、そのお考えに共感したのと同時に、我々が目指す人的サービスの目標がそこに書いてあったのです」

この営業部長のお話を聞いて、私はびっくりしました。世界のトヨタなのだから、黙っていてもお客様は買うだろうと思っていたからです（申し訳ございません）。まさか同じ車をグループ会社と競合して販売しているなんて夢にも思いませんでした。
そんな理由をお聞きして、営業部長には「私をご指名いただきまして、ありがとうございます。私でよろしければ喜んで、精いっぱいお伝えさせていただきます」と即答したのを覚えております。

無事に講演を終えた後に感じたことは、どの企業様よりも真剣にメモを取り、真剣な眼差しで聞いていただいたということです。より販売の精度を上げていく。トヨタが業界1位だからと言って彼らはそれが目標なのではなく、自分たちの目指す販売スタイルが目標だったのです。「トヨタだから売れる」から、「トヨタの○○さんだから売れる」を目指すということです。

超大手企業でさえ、地道に〝人〟で売ろうと勉強しているのです。私たちはもっともっと人にこだわらなければならないと、私自身が学んだ講演会でした。

伝説のサービスとは、さりげなくも強いお客様への愛情表現

いきなりですが、私は『プリティ・ウーマン』（1990年公開）という映画が大好きです。大ヒット映画ですから、見たことがある方もいらっしゃると思います。

私は何度見ても、この映画に出てくるホテルの支配人が大好きです。主演のリチャード・ギアやジュリア・ロバーツを引き立て、映画の名脇役となっているのが支配人の存在です。一流のホテル支配人とはどうあるべきか？　人としてお客様にどう接することがすばらしいサービスなのか？　見る度に考えさせられます。

この映画を超簡単に説明すれば、「主演で富豪経営者役のリチャード・ギアと、昼は工場勤めの娼婦役のジュリア・ロバーツの身分違いの恋愛ストーリー」となるでしょうか。そこに支配人がいい味を加えるんです。

例えば、身なりがみすぼらしかった娼婦のジュリア・ロバーツは、高級ブティックではまったく相手にされず、「あなたに売る洋服はありません」とまで店員に言われ

ます。しかし、ホテルの支配人は、最初こそ多少の難色を示したものの、ひとりのレディとしてジュリア・ロバーツと接していきます。特にラストシーンの粋な計らいはすばらしい。

惹かれ合っていたふたりが身分の違いから別れる選択をし、別々にホテルをチェックアウトするシーン。まずはジュリア・ロバーツ。タクシーをお願いするジュリアに、支配人は「好きなところまで、私どもの車でお送りさせていただきます」と言い、ホテルの車でジュリアを送ります。そして、翌朝チェックアウトに来たリチャード。支配人は、リチャードの恋心を見抜き、「美しいものを手放すのはつらいものですね」と助言。その時、リチャードはグッとジュリアに心が傾き、そこにとどめの支配人のこの言葉。「私どもが送迎させていただきます。昨日、ビビアン様（ジュリア・ロバーツ）を、うちのダリルがお送りさせていただきました」。そして、運転手のダリルを呼ぶ支配人。最後の判断は本人に任せ、そのお膳立てはしっかりと根回ししている支配人の配慮がすばらしい。

私がこれぞ究極のサービスと思ったのが、最初は、プライバシーがどうたらこうたら言って、ホテルの規律を説いていた支配人が、最後は同じ運転手に送迎させて、リチャードをジュリアの家まで連れて行くという、完全なるルール違反。

言われたことだけを遂行する杓子定規なホテル支配人ならこうはしなかったでしょう。時として、**さりげなくルールを超えた配慮・判断ができる人間味があればこそのサービスだと脱帽するのです。**これは、さりげなくも、強い愛情のサービスがないとできないことでしょう。この映画を見る度に、このラストシーンが近づくとワクワクしてきます。ルールにとらわれず、時として人の感情に則して対応できる、そんな人と人のドラマを感じるからです。

映画の世界で、しかも支配人という上の立場だからできたのだと思いましたか？いえいえ、通常このサービス精神は、地位が上がれば上がるほど、なくなるものなのです。だから余計にすごいと言えるのです。仮に彼に地位がなくても、同じようなことを行なっていたと私は思います。

これが私の映画に学ぶ、伝説のサービスです。ですが、何も、高級ホテルでなくとも強い愛情サービスは気持ちがあればできるものです。

私が大阪のユニバーサル・スタジオ・ジャパンに遊びに行った時のこと。アトラクション待ちをしていた行列で、前に並んでいるファミリーの小さい娘さんが、どうやらチケットを失くしたらしく、チケット確認の所で泣いてしまいました。すると係のお兄さんが神対応。

「お嬢ちゃん、失くしちゃったの残念だったね。本当はチケットがないと乗せちゃいけないんだけど、お兄ちゃん、見なかったことにするから」と笑って通していました。ご両親は深々とお辞儀し、お兄さんに感謝の言葉を言っていました。

「見なかったことに」。使い方によっては、なかなかいい言葉です。

最後に、身近な出来事からひとつ。先日、ファッションビルに買い物に行った時のことです。2000円購入で無料駐車券が1枚もらえるのですが、私のお会計は、1800円に消費税込で、1944円。無料駐車券に56円足りず……。ですが、レジの女性が「お客様、お車ですか?」と聞いてきたので、「はい」と答えました。すると「少し足りないいんですが、無料券入れておきます。誰にも言わないでくださいね」と笑いながら、無料券を袋に入れてくれました。

サービスとは人が想いを持って提供するものです。自動販売機であれば、1円でも足りなかったら、駐車券やノベルティなどは絶対に提供しません。ですが、時として店のルールを超えたところにお客様への気持ちがあるならば、それは、伝説のサービスになるのかもしれません。

もちろん、会社によって、店によってのルールがあり、声を大にしてこれらを推奨するわけにはいきませんが（書籍に書いておきながら恐縮なのですが）、ぜひ頭の隅っこに伝説のサービスのエピソードを置いておいてください。

4章

「売る」を肯定すれば、販売はもっと楽しい！

みんな、衝動買いしたがっている！

お客様：「気に入ってはいるんですけど、今日はアクセサリーを見に来て、洋服を買う気で来たわけではないんです。なので、ちょっと考えます」
店　員：「そうですか……。では、またお待ちしていますね」

アパレル社長時代、中堅の販売員がこんな形で販売を終えているシーンに遭遇することがありました。お客様が来店され、いいなと思う服と出会い、気になり、気に入り、どうしようか悩んだ挙句、衝動買いに躊躇され、帰られるパターンです。よくある販売のシーンだと思います。

その後、見ていると、振られてしまったその店員は、悩むどころか、「振られたのは、仕方ないし当たり前！」とばかりに、堂々と片づけて、休憩に行こうとしていました。

そこで、私は、即座にこんな質問をぶつけました。

「今の販売だけど、お客様、かなり悩んでらっしゃったみたいだけど、最後は何でおすすめしなかったの？」と。

すると、「お客様は、今日はアクセサリーを見に来られて、洋服を買いに来られたわけではなかったんです。それで、やっぱり、目的ではない商品だったので、それ以上はおすすめしませんでした」と、答えてきました。そこで、少々意地悪な質問をしてみました。

「意地悪に聞こえるかもしれないけど、それだったら、逆の言い方をすれば、買いに来たお客様にしか、売らない、売れない、おすすめしないってこと？」

その販売員は、思わず黙ってしまいました。

少し意地悪だったかもしれませんが、私が言いたかったのはこういうことです。

このスタッフしかり、たいていの売れない販売員は、目的客にはおすすめできますが、別の商品に目的があるお客様や無目的の来店客には、尻込みしておすすめできない場合がほとんどです。

つまり、衝動買いを否定しているのです。そして、**店員自身が、「衝動買い＝押し売りの結果」と思い込んでいる場合がほとんどです。スタッフ自身が衝動買いを否定**

していたら、衝動買いが起こるわけがありません。私は、売れる販売員と売れない販売員の差はここにあると思っています。

売れる販売員は、なぜ売上が伸びるのでしょう。その秘密は、衝動買いにあります。何も商品との劇的な出会いだけが衝動買いではありません。ジャケットを買いに来た方に、パンツをセットでつけるのも十分な衝動買いを誘発している接客です。ジャケットが目的買い、パンツが衝動買い。売れる販売員はセット商品を誘発させています。しかも、セットで買ったお客様ほど笑顔で帰られるのです。

私は長い販売の経験上、こう考えています。**「衝動買いこそが、最も意外で、最も楽しく、エキサイティングな買い物」**だと。

確かに、買い物には、必要なものやイメージ通りのものを買うという目的を満たすという側面もあります。そこにはワクワクする出会いの楽しさはありません。しかし、買い物とは、目的を果たす以上に、欲求を満たすことが大切だと思うのです。

本来の楽しい買い物とは、「何かいいものあるかな?」と、期待感を持って来店されるお客様に対し、想像を超えた出会いがあり、きっちりと後押ししてお墨つきをくれる店員がいて、満足と発見があることだと思います。

そう、衝動買いこそが、買い物の楽しさなんです！

そして、それを**失敗した買い物だと思わせない技量こそが、販売力**です。それこそが、お客様が求めている「楽しい買い物」だからです。

来店されるお客様は、例外なく「何かいいものはないかな？」という、新しい出会いへの期待を抱いています。やや極端な表現かもしれませんが、言い方を変えれば「お客様は衝動買いしたいから来店される」のです。

そこを理解している販売員こそが、売れる販売員です。新発見の感動をお客様に与えられる販売員です。そして、「衝動買いをしたい！」という欲求を満たせてあげられる販売員なのです。

私は、前述した販売員にこう続けました。「お客様の『何かいいものないかな？』という欲求を理解して、出会いをコーディネートしてあげてください。安心な衝動買いを成立させてあげることこそが、あなたの最大の仕事です」と。

お客様を迷わせないこと

「私たちの仕事は買っていただくことではありません。〝満足〟して買っていただくことです」

これは、私の販売をする上での座右の銘のひとつです。「満足」というキーワードをつくり出すのが我々の仕事であると考えています。**買う、買わないはお客様が決めること。けれど、満足感は私たちが演出してつくり出してあげるもの**なのです。

前章でも登場した呉服の「やまと」全従業員のトップセールスを何年も継続していた吉田さんと一緒に仕事をさせていただいた時、こう教えてもらいました。

「お客様を迷わせないことが、私たちの仕事。**最後まで迷って買った商品は、実はお客様満足度が低いのよ。**

買った後に、やっぱりあっちのほうがよかったかなぁ？　と後悔の気持ちが生まれ

るからね。

だから、**『この商品でよかったんだ。この商品をすすめてくれて、ありがとう！』**と満足感を持ってもらわなければだめなのよ。そこを演出するのが私たちの仕事」


なるほどと、聞けば納得するものの、実際の販売ではどうすればいいのか、私にはまったくわかりませんでした。

しかし、吉田さんの販売をよく見て、販売の後に吉田さんの説明を聞けば聞くほど、お客様を迷わせず「これでよかった」と思っていただける販売とはどんなものなのかがわかってきました。それは商品の価値を上げる「見せ方」にあったのです。


吉田さんは、お客様に商品をお見せする時は必ず3つの商品を取り出してきます。

それは、3つが一番お客様にとって、選び甲斐のある選択肢だからです。

2つでは、まだ他にないのか？　と思います。

4つでは、なかなか選べない。

やはり3つが一番選びやすく、「見た気」にさせるのです。よく料理屋さんでも、松竹梅という3つのコースがあります。それと一緒です。2つでなく、4つでなく、

3つから選んでもらう。これが、選択の黄金数なのです。

そして吉田さんは、満足な商品選択をしていただく秘訣は、3つの商品の中にひとつだけ不要な商品を入れておくと言うのです。

私は、意外でした。ベストと思われる3つの商品を並べて選んでいただくほうが満足度が高いと思ったからです。吉田さんはこう説明されました。

「冷たいと思うかもしれないけど、お客様は、気に入った商品ばかりを3つ並べられると、選べないの。わかる？

私たちは、お客様が選びやすいように、商品をチョイスしてご提案するのが仕事。お客様は店にある商品を片っ端から、一つひとつ見ることはできないでしょ。だから、選んでお見せする私たち側によい買い物をしていただく責任があるのよ。

だから、私は、『あぁ、やっぱりこれがいい！』とお客様に自然と選んでいただけるようにチョイスして、そこから選んでもらってるのよ」

吉田さんの言葉には、説得力がありました。確かに、ベストな商品を並べてお客様を迷わせ、決めることをできなくさせるより、もしくは、選んだ後も後悔したと思わせるよりは、**お客様が選びやすいように、あえてお客様のために不要な商品を入れ、**

必要な商品をより引き立たせるのも、お客様満足のためなのだと感じました。

また、一流のシェフは、料理を提供する順番にもこだわるという話を聞いたことがあります。冷たい料理の後に温かい料理を出す、繊細な薄味の料理は濃い味の料理の前に出す、といった具合です。

これは、販売員にも当てはまります。お客様が「これにしよう！」と決められそうな時に、別のとっておきの商品を出されるとどうでしょうか？　せっかくのお客様の判断は鈍ってしまいます。

提案の順番でもお客様を迷わせないようにすることが大切なのです。

これまでの販売では、お客様にいいものをたくさんお見せすることが大切だと言われてきました。しかし、その結果、迷って買えなくさせてしまうのではなく、お客様に満足いくお買い物をしてもらうために、あえて不要な商品をお見せして、**お客様の買いたい商品により確信を持たせてあげたり、混乱しないように、メリハリをつけた商品でたくさん「見た気」にさせてあげる**ことが大切です。

これも、販売においての売れる店員がやっている新習慣と言えるでしょう。

大きなお世話こそ、最高のサービスだ！ 値段でなく、こだわりで売る！

最近、売れないと悩む販売員を見て、思うことがあります。

誤解なきよう書かせてもらえば、**「お客様に遠慮しすぎ」**ということです。それは、プロとしてのアドバイスさえもしていない、ということです。

もちろん、お客様のニーズを尊重することはとても大切ですし、当然、お客様への気配りや配慮は必要です。ですが、ただ単に何でもかんでも、すべてお客様のニーズに合わせることが、お客様の喜ぶサービスなのか？　と感じることが多々あるのです。

そういう意味で、「遠慮しすぎ」という言葉を使いました。**お客様のご要望に丁寧に応えることと、遠慮することは別のものなのです。遠慮するということは、販売員というプロとして〝やるべきこと〟さえも放棄しているように感じることがある**のです。

あなたは、こういう料理店に入ったことはありませんか？「これはこう食べてください」的なお店です。

「冷めないうちに、3分以内に食べて！」

「この料理には、このお酒が合うから」

「この肉は、これくらいの焼き加減でやめて」

「まずは、何もつけないで食べてみて」


店側が、お客様に遠慮せず、要望を伝えている店です。ズバリ、大きなお世話を強要している店とも言えます。「そんなのどうやって食べようが自由でしょ！ 大きなお世話！」と言ってしまえばおしまいですが、実際は、そんな大きなお世話を焼く店ほど、人気で予約が取れません。そんなシェフ、大将の大きなお世話が聞けるカウンター席ほど埋まっているものです。

これは、お客様がお店に何を求めているか？ ということと重なります。「ご自由にどうぞ」という店を、信頼できると感じる人は実は少ないということですよね。

実は、お客様はお店にいろいろと教えてもらいたいのです。

実は、お客様はお店にいろいろと注文をつけてもらいたいのです。
実は、お客様は大きなお世話を焼いてほしいのです。
そして、お客様は店員の本当のおすすめ商品を知りたいのです。

一見、大きなお世話。だけど、実際は、最高の大きなお世話こそが、アグレッシブサービス！ これがお客様満足へと変わるポイントです。だから、こういうお店には、常連客が集うのです。

アパレルも一緒だと思います。売れる販売員、顧客が多い販売員ほど、大きなお世話を焼いていると感じませんか？ 私の見てきたよく売って、顧客がどんどん増える販売員たちは、例外なく**「親しみのある大きなお世話の提供者」**です。

「このシャツは、こうやって襟を立てて着てくださいね」
「この服は、やっぱりこれくらい存在感のあるアクセサリーを合わせるといいです」
「前は、ボタンを留めずに、開けっ放しにしてください」
ここがわかると、店に立っているだけの販売員と、お客様に慕われるプロ販売員の違いが見えてくると思うのです。そして、売れない販売員の接し方と、売れて顧客がつくれる販売員の違いも見えてきます。

なんでもかんでも遠慮するイエスマン的な販売から、自信を持って自分のこだわりを語れる販売への脱皮が、実は顧客をつくっているのです（ただし、上から目線だけは厳禁です）。

もう一度、言います。売れない店員ほどお客様に遠慮しているのです。

お客様が悩んでいる理由が値段であれば、おすすめしなさい

百貨店で販売セミナーをさせていただいた時、婦人服売り場の販売員さんから、質疑応答でこんな質問を受けました。

「最近は、低価格志向の影響で、値段で悩まれて買っていただけないお客様が多くて困っています。また、新人スタッフ自身も、値段が高いから売れないと思ってる節があり、なかなか、おすすめできないらしいんです。何かよいアドバイスをいただけませんでしょうか」

20代でずっと高額呉服を売ってきた私は、間髪入れずにこう答えました。

「私は、プロの販売員とはこういう人を言うのだと思って仕事をしています。**お客様が悩んでる理由が値段ならば、おすすめするのがプロ。逆に言うと、お客様が買われる理由が値段であるならば、販売員はいらないんです**」

その販売員さんは、ちょっと困惑したような表情でしたが、この言葉は、「やまと」のトップ販売員だった吉田さんから教えていただいた言葉です。当時、私も高額である呉服がなかなか売れずに困っていました。ほとんどの接客でお客様から「値段がねぇ。また考えてくるわ。じゃ」と言われ、私は手も足も出せず、お客様を見送るしかできませんでした。そんな私の販売を見ていた吉田さんがアドバイスをしてくれたのが、この言葉だったのです。

ようするに、お客様にとって、**値段で悩んでいるということは、商品は気に入っている証拠。**商品がすごく気に入っているからこそ、値段で悩んでいるとも言えるのです。

お客様にとって不幸な買い物というのは、気に入っているけれど、値段でやめてしまう買い物です。逆に、買う理由が値段ならば、買うのをやめておいたほうがいい、という考え方もできます。

家電商品などと違い、洋服は値段でなく、気に入った商品を買ったほうが結果として「よい買い物」になります。そのよい買い物をご提案するのが、我々アパレル販売員の役目であると私は信じています。

お客様が本当に欲する商品をおすすめするのがプロの販売員。確かに、値段ももの選びの大切な条件であると思います。ですが、買う理由が「安いから」では、逆にもったいないないと思うのです。

せっかく、**お金を出して買う洋服ならば、絶対に気に入っている商品を買ってもらいたい。確かに、一時は、安い商品のほうがお得に見えるかもしれません。でも、安さを理由にして買うと、結果として損な買い物になります。**どうせ買うならば、気に入った商品を、どんどん着てほしいからです。そんな販売プロ意識が必要ではないでしょうか。

百貨店は特に、他の商業施設と比べると値段は高く見えるかもしれません。ですが、値段でおすすめすることが本当にいい買い物を提供することなのでしょうか？　高いかもしれませんが、値段には理由があります。その理由を説明し、お客様にご納得していただき、満足ゆく買い物に変えるのが、高額品の販売員の仕事です。ものが売れないこんな時代だからこそ、今一度考えてみてほしいのです。

「もし、お客様が悩んでらっしゃる理由が値段なら、私はぜひおすすめしたいです！」と、胸を張ってお客様に言える販売員になりましょう！

買い方の癖を知る　これが5タイプだ！

30年近く販売をやり、たくさんの売れる販売員と売れない販売員を見てきました。ですから、「その差、その違いは何か？」とよく聞かれます。いろいろな要素がありますが、私が思う最も大きな違いは、お客様の買い方を知り、それに対応しているかどうか？　だと思います。

例えば、ファミリーレストランに行きメニューを見ても、すぐに決める人となかなか決められない人がいますね。中には食べたいものが決まっていてメニューも見ないで注文する人もいるでしょう。また、新メニューが出ると必ずチャレンジする人もいれば、毎回定番のように同じものばかり注文する人もいます。物事を決める時には、必ずその人の知らず知らずの癖というものが存在するのです。

当然、買い物にもその人の癖があります。それを理解した上で、販売を進めたり、おすすめしたりできるか？　そこが、売れる販売員と売れない販売員の違いであると思います。

悩んでなかなか決められないお客様に、早く決めるように促すおすすめをすると、当然決まりません。悩んで決められないお客様には、じっくりと腰を据えて丁寧に説明し納得してもらわなくてはなりません。

そんなふうにお客様のタイプを知ること。これは販売においてとても大切なことなのです。そこで、メンズ、呉服、レディスと30年近く販売をしてきた私が、お客様別の買い方の特徴をまとめてみました。販売の現場で参考にしてもらえればと思います。

あなたのお店にも、こんなお客様が来ませんか？

【1点気に入り、猪突猛進タイプ】

文字通り、好き嫌いがはっきりしていて、気に入ったものがあれば、速攻買う。非常にわかりやすい方。

攻略法：迷うことがないお客様なので、**テンポよくたくさんお見せましょう。**ただし、判断が早いからと、雑な販売にならないよう、こちらがしっかりと説明を怠らないことが大切です。しっかり丁寧に話しましょう。

【褒めて、持ち上げて、女王様タイプ】

褒めて、褒めて、だんだんその気になってこられるお客様。自己顕示欲の強い方なので、お客様を持ち上げながら、販売を進めることがポイントです。

攻略法：とにかく、お客様を中心に会話を展開し、リアクションを大きくして、褒める！ できれば、まわりのスタッフも一緒に巻き込んで販売に入り、店として重要顧客化させると効果的。

【悩んで、悩んで、悩んで、どんだけ……タイプ】

とにかく、自分で決められずに悩む方です。

攻略法：こちらがじれったくなるくらい悩まれるので、まずはこちらがイライラしないことが大切。背中を押してあげないと、売れない場合が多いので、**多少、強いクロージングをします。**また、店長等の他の販売員も入って、おすすめの切り口を変えながら伝えていきましょう。強いクロージングといっても、あくまでお客様のためのクロージングなので丁寧さは忘れずに、雑になってはいけません。

【無言で……いきなり購入タイプ】

何を考えていらっしゃるのかわからないなぁ……と思っていたら、いきなり「これをください」と買われるタイプのお客様です。

攻略法：反応がわからない方なので、**小さな反応も見逃さない、リアクションチェックが必要です。**相手に巻き込まれて、販売員もテンションダウンしないこと。よって、できればベテラン販売員がつくほうがいいでしょう。そして、親切心を持ち続けることが大切です。

【1回で買わないお下見タイプ】

「他店も見てみたい」「たくさん見たい」と、1回の来店ではなかなか即決しないお客様です。

攻略法：たくさん「見た気」になるタイプ別の組み立て提案が必要。こういうタイプの方は、たくさん見すぎても迷うので、整理してお見せしましょう。「今日入った商品」「再入荷しない商品」「人気で品薄の商品」など、**「〝今日〟であることがおすすめになるトーク」**で商品を提案するのが効果的です。

ここで言いたいのは、**いつも一辺倒のワンパターンマニュアル販売ではなくて、お客様を見て、そのお客様に適した接客、おすすめをしていく引き出しをたくさん持ちましょう、**ということです。

お客様が販売員にストレスを感じるのはなぜでしょう。自分のことを察してくれず、理解もせず、すぐにおすすめする販売員が増えたからです。売りたい気持ちはわかります。しかし、本当に売る、つまり買っていただきたいならば、お客様ごとに接客を変える柔軟性と、お客様に合った接し方を覚えていくことが肝なのです。

セールで売りたいなら、あなたがセール脳になりなさい！

アパレル会社の社長だった時の話です。いよいよ夏のセール時期に突入するという頃。店長たちから、「社長！　そろそろセールの準備と闘い方をまとめたいので、対策会議をしていただけませんか？　ここ数年、セールの爆発力がなく、どうも盛り上がりに欠けるので、今年は盛り上がりたいんです！」と、提案をもらいました。

確かに、最近はセールと言えど盛り上がりに欠け、何となくお客様も冷めた感じで、数字も上がらない、本当にセールなのか？　と疑ってしまうようなセールが多い気がしています。

それなら！　と、セール対策会議を開催しました。そこで、店長や主要スタッフから出てきた言葉は、「お客様がセールに冷めていらっしゃる」「セールでもお客様が来店されません」「お客様がセール慣れしてらっしゃって」「シークレットセールやゲリラセールが増えて、お客様が『またセールか』と、テンションが低い感じなんです」と、お客様が変わったという言葉の連続。

うん、うん。わかります。その感じ。だけど、「俺に一言、言わせてくれる？」と、私が発した叱咤激励の言葉はこうです。

「何でセールで売れない理由が、お客様のせいばかりなんだ？　本当はセールに冷めてたり、セールに疲れたり、セール慣れしているのは、お客様じゃなくて、あなたたち、店員自身なんじゃないのか？」

確かに、お客様がセールに慣れてきているのはわかる。けれど、最近のセールを見ていて、本当の意味でのセールの本来のよさ、楽しさ、イベント性、躍動感、盛り上がりを忘れ、慣れ切ってきているのは、販売スタッフ自身なんじゃないかという気がしてならないのです。

期中セールやフライングセール、予告なしのゲリラセールといったセールが当たり前となってしまった風潮のせいもあるでしょう。

そこでもう一度、考え直してみてほしいのです。イレギュラーなセールに惑わされないで、**本来の年に2回のセールは、売るのが目的なのではなく、楽しい楽しいお客様への還元イベント**なんだということを。

30％、50％や最大70％オフで買えるなんて、最高のお祭りイベントだと思いませんか？　どうやって売るか？　を眉間にしわよせて対策するのではなくて、あなた自身が、楽しいセールイベントだと自分自身を洗脳しなくちゃいけないんじゃないかと、つくづく思うのです。

販売とは、店員からお客様への伝染病です。重要なのは伝える力です。あなたの考えが、相手に伝染するのです。だから、まず、あなたが感染しないと伝わりません。

そして、正々堂々とセールイベントに徹するのです。

枯れるまで出した大声。メガホン片手に走り回った店内。忙しくてテンパった活気あるレジ。ストックに全速力で走った品出し。元気に楽しく振舞った接客。そして夜遅くまで書いた山積みのセールＤＭ。……以前の活気のあったセールを思い出してみてください。

忙しさを楽しむ店員の姿が、お客様をセールの楽しみに引き込むのです。

最近はどこのセールも大人しいものです。呼び込みの声すらまったくない店も多い。プロパー販売の時期と何も変わらない店頭になっています。それでは、売れないと嘆く以前の問題です。

セール本来の原点に戻ってみましょう。DMも店頭も接客も、楽しいセールに変えるのです。セールは結果を気にしてやるものではありません。精いっぱい楽しんでから、結果を総括するものなのです。

慣れとは飽きです。セール慣れして、セール飽きしていないか、自問自答してみましょう。

革ジャン売上日本ナンバーワン販売員の決めゼリフ

「革ジャン」と言ってもピンと来ない若い方も多いかもしれません。今は、ライダースジャケットにしても合皮でそれらしい風合いで安く売られているので、本当の革を使ったものは少なくなりました。しかし、我々の若い時代は、本革の革ジャンや革パンツがものすごく流行りました。合皮を着ていると恥ずかしい思いをするような時代でした。

しかし、さすがに今も昔も、革製品は高いです。当時大学生だった私は、1着買うにしても、なかなか決められず、革ジャン店巡りをして製品と価格の調査をして、納得いくまで足を使い、見疲れた頃（見歩くことに、満足した頃とも言えます）に、ようやく買う、という感じでした。

もちろん、買った革ジャンは雨の日は着ないなど、大切に扱いました。

そんな革製品全盛期の時代だったのですが、1着数万〜数十万する革ジャンを日本一売る男の売り方を紹介したいと思います。

私は大学時代に新宿のど真ん中にある「イセヤ」というメンズカジュアルショップで2年間アルバイトをしていました。そのメンズショップは紀伊國屋書店や伊勢丹の斜め前にあり、大通りに面していたこともあって、とにかくお客様がたくさん来店される店でした。日曜日の歩行者天国ともなれば、店はごった返し、本当によく売れる店でもありました。

DCブランドブームが去り、「渋カジ」と言われるカジュアルファッションの全盛期で、このメンズショップも、Tシャツ、ポロシャツ、デニム等を扱っていました。そんな店で、革ジャンを売らせたら日本一と言われていたのが、販売員の御手洗(みたらい)さんでした。

元々、カジュアル着を売るには日本でも最高の立地なので、日本一売る男が居てもおかしくない店だったのですが、御手洗さんはダントツの販売をしていました(私は当時の店長から聞きました)。

私がアルバイトで入社した時には、すでに店でトップの売上。特に10万円以上の革ジャンや革コートをバンバン売っていらっしゃいました。当然、御手洗さん自身、革製品の信者で、汗ばむような気候の日でも革ジャンは着たままで、インナーを薄くしたりして工夫し、とにかく革ジャンを着て革ジャンを売る男だったのです。

そんな御手洗さんには、革製品を売る時に、お客様に決定させる決めゼリフがありました。この言葉が出ると、まわりの店員は「あー、決まったな。今日も予算を達成しそうだ」となるわけです。

それはこんな決めトークです。

「お客様、革ジャン姿、とても素敵です。**だけど、買っても、着られないなら、買わないことをおすすめします。**よく、買ってももったいないから家にずっと吊り下げたまま、飾ったままの方も多いんですよね。目の保養ということでしょうか。もちろん、結構な値段がしますから、気持ちはわかるんですけどね。

でも、考えてみてください。

革製品って、買った時、買った日、試着している時が、一番かっこ悪いんです。着れば着るほど、かっこよくなっていく、それが革ジャンです。

高いものほど、特別な日用としてしまい、着るのがもったいないという気持ちを持ってしまいますが、それでは、いつまで経っても革ジャンは馴染まず、かっこ悪いままなのです。それに、高いお金を出したのに、逆にもったいないですしね。

普通の服は、着れば着るほどへたれます。だけど、革は着れば着るほど、かっこよくなります。確かに、傷がついたりもしますが、革の場合は傷と言わず、味と呼びます。だから、着れば着るほど味わい深くなるのが革ジャンです。

買う時は高いと思うかもしれませんが、着れば着るほど、味が出てかっこよくなる、そうしたら、元なんてすぐ取っちゃいます。**そういう意味で、この店で一番高額だけど、一番お買い得とも言えるんです。**

今、鏡に映るお客様の革ジャンの姿が実は一番かっこ悪い。でも、買って着れば着るほど、かっこよく変身していきますから。私の最もおすすめの商品ですよ。ちょっと私を信じてみてください。裏切りませんから」

確かこんなトークだったと記憶しています。このクロージングトークで10万円以上する革ジャンが飛ぶように売れていきました。

普通のアパレル店員は、似合う、似合わないをおすすめの基準にしている場合が多

いですが、御手洗さんは、似合う、似合わないなんてまったく言わないんです。そこを質問すると、

「似合う？　似合わない？　そんなんで10万、15万の商品買うかよっ！」と言い返されました。

「革ジャンほどの値段になると、**似合う、似合わないの販売トークじゃ売れないんだよ。革ジャンは、いかにその付加価値を理解してもらい、『あったら着るかもしれない』じゃなくて、『あったら絶対に着る』と思ってもらうことだよ。**着れば着るほど、高い買い物じゃなくなるから、安い買い物にするかしないかは、買った後のお客様次第であることをしっかり伝える。高額品販売の基本だな。『買った時が一番かっこ悪い』。これが俺の決めゼリフだ」と、豪快に笑って教えてくれました。

値段の高い商品を売るとはそういうことなのかと、つくづく思いました。

そして、御手洗さんはこう続けました。

「**革製品とか、ジュエリーとか、呉服とか。高いものは消耗品を売るみたいな販売をしちゃダメだ。**そこらへんの洋服とは違うんだよ。消耗品は着れば着るほど、価値が下がる。買った日が一番、素敵。だが高額品は、着れば着るほど、持てば持つほど、

価値が出る。買った日が一番かっこ悪い。わかるか？　柴田」と。

高額商品は、持つ喜びと持つ価値で売る。その時は、自分が呉服業界に就職するとは思っていなかったのですが、その後、呉服業界に就職し、トップセールスとなった私の販売方法に大きな影響を与えてくれた言葉でした。

これまでの一般的な販売員のおすすめ方法は、「似合います」「お得です（値段が安いという意味）」「私も持ってるんです」といった、お客様が持つ価値とはかけ離れた理由ですすめていたでしょう。しかし、売れる販売員は、「持つ喜びと持つ価値」で、商品をすすめています。なぜなら、そのようにおすすめされた商品は、**お客様の購入満足度が高い**ことを知っているからです。まさに、売れる販売員ならではのおすすめの新習慣なのです。

蛇足ですが、そんな革ジャン販売日本ナンバーワンの御手洗さん。今は、革製品の輸入会社の社長をしていらっしゃいます。相変わらず、社員に「似合う、似合わないで売るな！　価値を売れ！　価値を！」と檄を飛ばしているのでしょうか。

5章

販売は、販売員の考えた以上にはならない

「売れない」という意識を捨てよ！

呉服の「やまと」、全2000人の社員の中でナンバーワンの売上を叩き出す吉田さん。吉田さんは朝礼で、いつもこういうことを言っていました。

「私は『すべての販売が決定する』と思って、販売しています」

実は、メジャーリーガーのイチローも同じことを言っています。

「毎回、打てると思って打席に立つ」

「売れる」と思って販売するスタッフと、「売れないかも」と思って販売するスタッフ。販売の結果というものは、そんな販売前の分岐点から決まっているのかもしれません（正確に言えば、「売れないかも」よりも、「売れる気がしない」という気持ちが本音でしょう）。

しかし、少し考えてみてください。あるアパレルショップで店長から、

「今はたくさんの店がこれでもかと出てきて、店が多すぎだよね。しかも、ファストファッションのような低価格の洋服の特集をテレビでも流すから、どうしてもうちの価格が高く見えちゃうしさ。おまけにどの店も似たような商品ばかり。それに、わざわざ店まで行かなくてもスマホでものの30秒で商品が買えて返品もできちゃうし。そりゃ、売れなくて当然だよね」

と朝礼で言われたら、「よし！　頑張って売ろう！」という気になりますか？

ここまで言われて、「それでも売れる気がする」と頑張れる人はかなり少ないと思います。

では、逆に、

「今はオーバーストアで、たくさんの店が出てきて、どれも同じような商品に見えちゃうんだけど、だからこそ販売員の腕の見せどころで、売れる店は逆にどんどん売れてるみたいなんだ。しかもファストファッションなんて一時の流行りで、洗濯したらよれよれになって伸びちゃったり、ウールでもすぐに毛玉ができちゃう。やっぱり値段だけで買うとすぐにポイになっちゃうよね。しかも、次に行った時には、最初に接客してくれた店員さんはもう辞めてたりして。

ネットも便利でいいんだけど、本当に似合うかどうかわからないのが事実。実際、届いたら色も想像していたのと違うし、風合いも違うし、サイズも着てみないとわからないじゃや、損した気分になることがあるよね。洋服だけは絶対に見て、着て、買うに限ると思う。だから、こんな時代だけど、売れている店は逆に結構売れているっていうのもわかるよね」

と言われたらどうですか？　何となく自信を持って店頭に立とうという気になってきませんか？

人はおかしなもので、まわりから「売れない、売れない」とマイナスの情報ばかり入ってくると、知らず知らずのうちに、「売れなくて当たり前」と、「売れない気」になってしまうものなのです。

反対に、**売るためのポジティブな情報を入れ続けると、知らず知らずのうちに、「よし、私も売ろう！」と、「売る気」になってくる**のです。

「やる気」というのは、水が湧き出るコップではありません。湧水ではないのです。まわりから「やる気」のコップに水を入れてもらわないといけないのです。

だからこそ、頑張っているリーダーのもとには、「やる気」のあるスタッフが集まり、結果が出ます。

いつも「売れなくても仕方ない」と思いながら発言しているリーダーのもとには「売れなくても仕方ない」という意識のスタッフが集まり、結果として売れていかない店が出来上がってしまうのです。

これは、何も店仕事に限ったことではありません。万事に通ずる真理であると言えます。

あるオリンピックのメダリストは競技前にこう唱えるそうです。「自分ほど努力した選手はいない。だからこそ私はメダルが獲れるんだ。私だったらできる」と。自分に言い聞かせるのです。自分に与える情報はすべてポジティブなものばかりです。

我々の販売という仕事も同じです。相手あっての仕事は特に、自分の心の持ちようが、結果の違いを生み出します。

まず、あなたのお店、あなた自身が売れていないならば、最初にしないといけないことは、**「売れない」という意識との決別**をすることです。

売れないならば、売れるように改善する方法を考えてみる。**販売の結果は、あなたの考えた以上にはなりません。**それが販売の仕事なのです。

本章では、この意識をベースとして、「売れる思考づくり」について考えていきたいと思います。

売上は大切だけど、数字に一喜一憂しないことがもっと大切

販売は、売上数字からは逃げられない仕事です。お客様に売れなければ、販売という仕事は「楽しかった」とは言い切れません。

そしてもうひとつ、伝えたいことがあります。

日々の売上数字に一喜一憂しない、ということです。

私が、店長や社長をしていた頃、売れれば喜ぶことはもちろん、売れなかったら沈んだ表情になるスタッフ、逆に売る気を強めてぐいぐいと意気盛んに売ろうとするスタッフをたくさん見ました。

その度、私は言いました。「○○さん、一昨日はあれだけ売れていたし、昨日ちょっと売れなかったかもしれないけど、1日売れなかったからといって沈む必要なんてないよ。忘れなさい」と。

数字とは不思議なもので、嘘偽りなく真実を表わす重要なバロメーターなのですが、ひとつだけ、**数字にも欠陥があります。それは、あくまでその瞬間、その時間、その日、その週、という切り取った期間におけるバロメーターだという点**です。

例えば、ダイエットをしていて、毎日体重計に乗った経験のある方ならばよくわかると思うのですが、60キロの体重が、1ヶ月ダイエットして、57キロまで落とせたとしましょう。30日で3キロです。1日当たり100グラムずつ落ちていった計算になります。では、毎日の体重は、1日100グラムずつ均等に落ちていったのでしょうか？　そんなわけはないですよね。きっとグラフにしたら、上がったり下がったりしながら、結果的に3キロ落ちたのです。

順調に60キロから58キロまで落ちたかと思えば、一時なぜかまた59キロに戻ったり。そこから、再度落ちはじめてやっと57キロになった。このようなことは、ダイエットによくあることです。そんな経緯があっても、最終的には1ヶ月というスパンで見て成功したのです。

売上の数字を読むということは、これと同じです。**ある時期のある短い期間だけの数字は参考になりそうで参考にならないことも多々あります。**あくまで、様子を見る中期間、長期間というスパンをもってして、結果は判断するものだと思っています。

店仕事の売上は、3日、6日、30日、60日、3ヶ月、6ヶ月の目標比、前年比を比較して、原因を探り、対策と改善を立てるというのが私の基本です。

1日数字が悪い日があったらお酒でも飲んで忘れなさい。2日続いたら、3日連続とならぬよう、気持ちを引き締めなさい。**3日続いたらどこかに原因が生じている証拠。それを見つけ、対策を立て、改善していきなさい。**これが私からのアドバイスです。

これは、何事にも当てはまります。たまたま「まぐれ」で一時的に結果を残す人がいますが、大切なのは「継続」です。継続をしてこそ実力とみなされるのです。

蛇足ですが、私の両親は共に糖尿病で、私も血糖値が高いので、定期的に糖尿病の検査をしています。糖尿病というと、血の中に糖がどれくらいあるか（血糖値）が大切で、その血糖値が高ければ糖尿病の疑いとなるのですが、最近では同時に、血の成分であるヘモグロビンの数値も見て判断しています。ヘモグロビンを見ることで、採血した〝一瞬〟の血糖値ではなく、1～2ヶ月間の血糖状態を知ることができるそうなのです。

血糖値なんて、食事をしたらすぐ上がるし、空腹なら低い状態。測った時がどんな状態かを表わすだけです。それに比べ、1～2ヶ月というスパンでの血糖値の動きこそが、本当に糖コントロールができているかどうかの信頼性ある物差しになるということです。これはまさに、店の数字にも当てはまると思いませんか？

これまでの売上数字の捉え方は、「一喜一憂型」でした。だから、喜びもあるけれど、疲弊もします。ましてや、長く売上が低迷すると、店の空気や個人のモチベーションに影響を与えてしまいます。ですから、頑張っても売上に直結しないことも多い昨今は、一喜一憂ではなく、ある一定のスパンの中のひとつの点（通過点）として数字を捉えていく視点も大切になっていると思うのです。

どんな商品も「一流シェフ」の腕で決まる

「ファストファッション全盛の今、うちの商品は高くて売れないんです」
「トレンドの商品がないんですよね」
「定番ばかりで面白みがないんです」

全国の販売員にセミナーをしていると、こんなふうに売れない理由を値段や商品のせいにする声をよく耳にします。また、私がアパレルの社長だった時も、売れない店のスタッフがこんなふうに言っているという伝え聞こえてきていました。

確かに、現場の売れない理由を吸い上げて、より売れる商品を現場に投入していくのは、会社やバイヤーの責任でもありますが、**現場スタッフが売れない理由をバッサリと商品のせいだと言い切ってしまうと、販売という仕事自体が成立しないのも事実です。** なんといっても、その売れない理由を語った商品を、お客様におすすめしていくのが販売員である我々の仕事だからです。

私が大学を卒業してから就職した呉服の「やまと」では毎年、新卒で１００名近くが入社し、入社式が行なわれるのですが、私が出席した入社式で人事部長が発した言葉が30年近く経った今でも私の頭から離れません。

「きものの『やまと』へ、ようこそ！　君たちにはこれから、一流のシェフを目指してもらいます！」

と、冒頭の一発目から言われたのです。

あまりにもはっきりと、かつ真剣な口調で言い切られたので、ざわつきこそしませんでしたが、新入社員誰もが「何？　一流シェフってどういうこと？」と、心の中で思ったに違いありません。

私は、「スピーチ冒頭の〝つかみ〟ってやつかな？」とも思ったのですが、人事部長の話は理にかなったものでした。

「シェフと言われて、皆さんびっくりしたかもしれません。私たちは着物を売るのが仕事だからです。ただ、私が皆さんに伝えたいことを表わすのに一番わかりやすいかと思ってシェフと言いました。

実は私は料理屋のせがれです。料理の世界は、食材のよし悪しも確かにありますが、その店が繁盛するかしないかは、シェフの腕にかかっていると言っても過言ではありません。どれだけ新鮮でいい食材が入荷しても、シェフがそのよさを引き出す調理ができないと、台無しになるのが料理の世界。

逆に、**あまりいい食材を仕入れられなくても、そこを補って調理して一定のクオリティの料理をつくり出せるのが一流シェフたる所以**です。

決して、仕入れの食材のよし悪しだけでその店が評価されるわけではないのです。その**食材の持ち味を活かす腕があるかどうか**が大切なのです」

半分の新入社員は何となくわかったような顔をして、あとの半分の新入社員はポカンとした顔で人事部長を見つめていました。

そして、人事部長はこう締めくくりました。

「これから、あなたたちが扱う呉服という商材。いろいろな柄、さまざまなランクの着物があります。きっとあなたたちから見て『うわー、高いな』とか『こんな着物売れるのかな?』など、いろいろな感想が出るでしょう。

ですが、一流シェフの腕にかかれば一流の食材でなくともおいしい料理に変えてしまう腕、正確には『おいしくつくってみせよう』という想いを持って一流の料理をつくり上げるように、あなたたちの販売力という力で、どんな着物でもお客様に似合う素敵な着物に変えてあげてほしいのです。どんな商材であろうが、お客様に素敵と思っていただける腕、技術を今日から磨き、一流の呉服シェフを目指してもらいたいのです。以上です」


人事部長の言葉を聞き、プロとしての仕事の流儀があるのだと感じました。そして、それはまさに、物販の私たちにも通ずるサービス提供者の共通真理だったのです。

あれから私も販売を30年近くやってきて、スランプに陥ったり、売れ筋商品がない、値段が高いなんて嘆きたくなる時も確かにありました。そんな時、自分を奮起させるために人事部長の話を思い出します。

私が「やまと」のトップセールスマンになれたのも、1億円の売上をつくったのも、就職して最初に聞いた人事部長の**「商品のせいにしない! 我々の販売力を磨き、一流の販売シェフを目指せ!」**という言葉を信じたからに他ならないと思うのです。

最後に余談になりますが、以前、家電量販店に行った時のこと。炊飯器のコーナーで「かまど炊き炊飯器」の新発売の商品がありました。「ふっくらと香り高いかまどご飯が炊き上がります」というキャッチコピーに魅せられた妻は、「今の炊飯器、もう10年も使ってるから、新しい炊飯器を買おう！」と衝動買い。しかも、コシヒカリも一緒に買いました。

家に帰り、待望の初炊き。炊き上がったご飯を食べてみて、ふたりで顔を見合わせました。「……。あんまりいつものと変わんないか（苦笑）」。

有名米を最新炊飯器で炊こうとも、結局はつけおき時間やとぎ方、水加減等で炊き上がりは変わる、つまりは腕次第なんだとわかりました。販売と同じだなと、笑ってしまう出来事でした。

どの商品も長い道のりを経て商品化され、店頭までやってきた商品です。その商品を生かすも殺すも、販売員の腕次第です。「私の腕で、この商品をすばらしい商品、売れる商品にさせてみせる！」、そんなプロ魂が、販売員にあってもいいのではないでしょうか。この意気込みこそが、新習慣になるのです。

一人ひとりのお客様にはストーリーがあり、その目的を満足させてあげるドラマの脚本家、演出家が販売員である

「販売員は主役ではない。販売員は名脇役、名演出家、名監督であれ」

これは、「やまと」の社長の言葉です。販売という仕事を実に端的に捉えた名言だなあと、私がずっと心に刻んでいる言葉です。

「売るも、売れぬも販売員次第」と聞くと、販売という売買行為において、販売員が主役と捉えてしまいがちですが、**実は、我々販売員は脇役にすぎない**のです。

例えば、映画の世界ならば、販売においての主演男優賞、主演女優賞は誰でしょうか。もちろん、お客様です。そう、販売の主人公はお客様。そして、私たち販売員は、助演男優賞、助演女優賞なのです。こう考えれば、販売という仕事の目的も見えてくる気がします。

また、脚本、演出といった買い物ストーリーの組み立てや演出も、販売員の役割で

す。

つまり、**いかにお客様（主人公）の買い物を脇役として引き立て、盛り上げ、満足していただくか、これに対しての助演、脚本、演出**だと思うのです。

もっと言うならば、入店されるお客様は、購買意欲の強弱や目的商品の有無など、来店動機の差はあったとしても、何かしらの目的を持っていらっしゃいます。ただ、なかなか手強くて、その胸に秘めた目的を簡単には話してくれません。

我々、販売員はその目的を探り、相談いただき、その目的に対して購買ストーリーを作成し（脚本家）、そのストーリーをわかっていただくべく努力をします。

もちろん、淡々とご説明するのではなく、笑顔や表情、共感、傾聴といった対応力を駆使しながら、ニーズチェック、盛り上げ、そして、お客様の納得されるおすすめ理由を探し、選んでご説明してあげます。これがクロージングです。この一連の流れこそ、演出家の仕事ではないでしょうか。

主人公であるお客様が、その脚本、演出、助演俳優（販売員）に総合的に満足してくだされば、ご購入となるのです。

ここで、最も大切なことは、どんなお客様でも来店されたならば、ドラマ（目的）

をお持ちだということです。ここをわからずして、演出もストーリー組み立ても盛り上げもできません。まずは、お客様の来店ドラマを知ること。そして、そのドラマを精いっぱい、演出して差し上げるサービス精神とプロ魂が必要ではないかと思うのです。

話は変わりますが、私が独立してレディスのアパレル店を出店した初期の出来事です。ある日、フォーマルな洋服のコーナーで、40代と思われる女性が商品を見てらっしゃいました。

私は、いきなり男性販売員が声がけしても面食らうだろうと思い、声をかけるタイミングを作業をしながら見計らっていました。どうやら、トルソーマネキンの着ているワンピースが気になっているようでしたので、私はここだとばかりに、「そのワンピース、素敵ですよね」とお声がけしました。

しかし、お客様はチラッと私を見ただけで、またそのワンピースをじーっと見てらっしゃいました。しばらくしてその方は一言、「女性のスタッフはいらっしゃらないんですか？」と聞いてきました。どうやら、男性の私ではだめみたいでした。しかし、女性スタッフはもう帰ってしまって、閉店まで私ひとりの時間帯でした。

「実は、女性スタッフはもう上がりまして……。ですが、私は店長で、商品の仕入れも担当しております。何かお手伝いできることがあればお伺いさせていただきますが」

と申し訳なさげに返してみました。

すると、少し間が空いた後、その方はこう話してくれました。

「男性の方には言いにくい話なんですけど。実は、私は若い頃に男の子を出産後、離婚しまして。男の子は後継ぎだということで親権は父親に渡ってしまったのです。それ以来、息子には滅多に会うことができなかったのですが、息子が今度、〇〇ホテルで結婚式を挙げると聞いたのです。もちろん、呼ばれているわけではありませんが、10年間会ってないので、一目遠くからでも見たいと思ったのです。それで、ホテルに行く際、普段着じゃ目立つし、でもホテルに行く服も持っていなくて、この店ならあるんじゃないかと来てみたんです。ごめんなさいね。失礼なことを言って」

「いえいえ、私なんかにお話ししていただき、誠にありがとうございます。もしよければ、ホテルで派手でもなく、地味でもないお客様にお似合いのお洋服を探すお手伝いをさせていただければと思います」

私はこのように女性に伝え、お客様のお話を丁寧にお聞きしていきました。

聞けば、ホテルもこじんまりとしたホテルですし、あまり大人数が来る建物でもないので、あまり目立たず、かといってカジュアル寄りのものは避け、ホテルにランチを食べに来た女性を想定して、お洋服を一緒に選びました。

10年振りにそっと遠くから見る息子さん。たとえ会うわけでなくても、恥ずかしくなく優美さも持ち合わせた姿でいたいのが母であり女性心。私は、そんな販売ストーリーを組み立ててご提案していきました。

お客様も私のストーリーに賛同いただき、とても喜んでくださいました。「さりげなく遠くから息子を一目見るだけでいいのに、大袈裟よね、私ったら」と苦笑するお客様。

「いえいえ、失礼な言い方かもしれませんが、ドラマのような場面です。お客様が主人公だと思って、しっかりと目に焼きつけてきてください」と私は答え、ふたりで笑いながら洋服を選ぶことができました。

私は、この時思ったのです。この方は極端な例ですが、**お客様がお店に行く時、必ず、何か胸に秘めたものがあります。**言い換えれば、来店ドラマがあるのです。それを読み取り、聞き取り、脚本家になり道筋を立て、演出家になり、思いっ切り楽しませてあげる。これこそが、**「お客様主役販売」**の真骨頂のような気がします。

あくまで販売員は名脇役でなくてはなりません。主人公をいかに活かし、引き立て、楽しませてあげるか。これが、我々の究極の目的ではないでしょうか？

今日来店される主役であるお客様を引き立て、最高のハッピーエンドで終わるストーリーを考える癖を身につけましょう。

それには、創造性、独創性が必要なので、すぐには無理かもしれません。しかし、意識して練習し、接客するようにすれば、あなたは販売において、一流の助演俳優や脚本家や演出家になれるはずです。そして、何よりお客様にとっての最高のエンターティナーになることでしょう。この視点こそが、売れる販売員の新習慣です。

お役に立っている実感がないと、仕事なんて続かないのが当たり前

「お客様のお役に立てているのか、わからなくなる時があるんです」と、斎藤さんというスタッフが私の前で泣き出したことがあります。

「売上不振に陥り、元気もない。以前の明るさも消えて、見ていて売れそうな気がしない」と、斎藤さんがいる店の店長から私に、ミーティングを依頼されたのです。

彼女が揺れ動き、泣いているのは、「お客様のお役に立つ販売員になりたい」という思いが強すぎ、その裏返しの涙であるとも言えました。

私は、「斎藤さん、こうしてお客様のお役に立てていないかもしれない自分が腹立たしくて泣いてる姿を見ると、本当にこの仕事の本質を理解し、向いてる人なんだなあと、すごく思うよ」と伝えました。

すると斎藤さんは驚いたように、「え？　私が向いてますか？　お役に立てないし、

売上がつくれないし、向いてないと思っていました」と言いました。
「いやいや。向いていないのは、お店のための売上を第一に考える人だ。あなたみたいに、お客様のためにお役に立つことを優先して考えてる人は、悩みながらも絶対に道は開け、前に進むよ。一時的に壁が邪魔してるだけだよ。私が保証する」

斎藤さんはその後、店長まで上り詰めていきました。
そして、店長になったのがうれしかったのか、快活な笑顔とテンポのよい口調で、「社長！　ずっと前はありがとうございました。私、あの時に気づいたんです。お客様のお役に立てているだろうかと、入店の少ない店頭を見つめながら、落ち込んでいたらダメだなって。**お役に立てているのかではなく、お役に立てるにはどうしたらいいんだろうと考えていくことにしたんです。**評価を待っていてはだめ。評価されるように頑張ろうって、今は思ってます」と話してくれました。

確かに、人が仕事をするには優先順位があります。とにかくお金がほしいから働く人もいれば、自分のやりたい職種で働きたい人もいる。また、自分が人として成長できる場で働きたい人もいるでしょう。さまざまな優先順位があってしかるべきだと思うのですが、最終的には皆、同じ目的にたどり着きます。人のお役に立ちたいということです。**人のお役に立つから対価としてお給料をいただく**のです。

人は生まれつき、誰しもが「誰かのお役に立ちたい、立っていたい」という欲求があります。その実感がないと、仕事にストレスを感じたり、やりがいを失ってしまうことでしょう。

とにかくお金がほしいとしても、人をだましてもぎ取った大金だったとしたらうれしいですか？　そうではないはずです。人のお役に立てて、なおかつその対価としていただくお金がとてもうれしいものなのです。ですが、得てして店仕事の場合は、入店するお客様が少なくなったり、売れなくなってきたら、お役に立っている実感が欠如していき、やりがいはなくなり、否が応でも閉塞感に苛まれてしまいます。

販売の仕事は、受身でお客様のお役に立てる仕事ではありません。「黙っていて、人のお役に立つなんてありえない仕事」なのです。

もし、あなたが販売の仕事にやりがいを感じないのであれば、お客様のお役に立てたことがないのか、もしくは、前述した斎藤さんのように、待ちの姿勢でお役に立つ仕事だと勘違いしているかです。

当たり前ですが、販売員はお客様がいなければいきいきしません。お客様のお役に立てないと存在理由がなくなってしまうのです。だからこそ悩まず、お役に立てる自分になれるように、常に自分から行動し、やりがいをつかみ取っていってほしいと望みます。お役に立てた先には、きっと売上というゴールが見えているはずです。

買ってもらったら喜ぶ。これだけで記憶に残る店員になれる

私には、3人の娘がいます。長女と次女は東京の大学に行き、三女は地元で一緒に住んでいます。上のふたりはそれぞれひとり暮らしをしているので、宅配便でいろいろなものを送ってあげたり、たまには支援金という名の仕送りをしたりしています。するとと長女は、必ず電話かLINEを使って「ありがとう‼」とかなり大袈裟に喜んで連絡してきます。一方の次女はというと、宅配便だろうが支援金だろうが連絡してこない。挙げ句の果てに、こちらから「おい！ 届いたか？」とLINEをすると、「あー、来てた、来てた」で終わり。次女は小さい頃から面倒くさがりで、表現下手なのを知っているので、悪気がないのもわかるのですが、でも、いつも「損してるなぁ」と思ってしまいます。

それに比べ長女は、そこのツボを押さえるのがうまい。やっぱり、親子であろうとも、送った相手がすごく喜んでくれたら、こちらもうれしいし、「送ってあげてよかっ

た」となる。そして、喜んでくれることは、またしてあげたくなるので、よって長女には「また何か送ってあげよう」となるのです。これが人の心理です。

同じ娘なので、長女に送れば次女にも送るのですが、それにしても次女は「損なヤツだなぁ」と感じます。


また、私が社長時代、臨店する際には差し入れのお菓子を持って行ってやる気アップを図っていました。その時のスタッフの反応も、うちの姉妹と同じです。

差し入れを持っていくと、出勤スタッフが「社長〜〜！　うっれしいわー。どうもありがとうございます！」と喜んでくれる店もあれば、「いつもありがとうございます」とさらっとテンションの上がらない店もあります。

たいてい、前者の店は、閉店後の売上報告メールにも「今日は差し入れいただきありがとうございました。みんなでおいしくいただきました。そのパワーで予算も達成いたしました」などと、お礼を忘れず、結果も出る。かたや、後者の店は、業務連絡メールはあくまで業務の内容のみで、社長としては少しさみしかったりする……。

喜びを表現できる店にはお客様も足を運んでくださるし、そういうお店はいつも活気に満ちていて売上も高い。逆に、喜びや感謝の気持ちが表現下手な店は、なぜか売上も上がってこない場合が多いのです。私は因果関係があると確信しています。

そこで、本項目のタイトルでもあるように、「お客様に買っていただいたら喜びなさい」ということなのです。

お客様は、どうせ買うならば喜んでくれる販売員から買いたいもの。買っていただいた日。その後のサンキューレター、そして次回ご来店いただいた時にも、最高のお礼と喜びを表現してください。

「記憶に残る販売員になるためにはどうしたらいいですか？」という質問もよく受けるのですが、実に単純なことです。

買っていただいたら、最高の喜びを表現することです。間違いなくお客様は、次に買おうと思われた時に、あなたの顔を思い浮かべるはずです。

販売にキャリアなんて関係ない！

長年にわたり販売をし、販売員を見てきて、販売という仕事はつくづく不思議だと思う時があります。たいていの仕事は、キャリア（職歴）を積めば積むほどに、上達していったり、仕事のコツがわかってきます。ですが、**販売という仕事ではそんな「仕事キャリア」はあまり優先されません。**

特に私は、過去の経験から、キャリアを重視していません。私は、レディスアパレルの会社をつくって初期の頃、すべてのスタッフの採用面接をやっていました。履歴書を先に送り、書類選考を通過した方だけ面接をする会社がありますが、我々の業種は書類選考は面接のあとだと思っています。キャリアがあるから売れる人とは限らないし、履歴書には書いていない部分を見たり感じたりすることが大切だと思うからです。

ある時、店舗に欠員が出たので、スタッフ募集の告知を出しました。募集定員1名のところ、7名の応募がありました。1名は待ち合わせ時間に現われず×。1名は遅刻しても「すみません」の一言もない上に、面接中も足を組んだままで当然×。という具合で、最終的に2名に絞られました。

その1名は、アパレル販売歴10年のベテラン。さすがに話術にも長けていて、ヘアメイクにもトレンド感があり、面接時の洋服のセンスも問題ありませんでした。少し気になったのは、前職のアパレル店の愚痴が多かったこと。辞めた理由を会社側の責任にしている言い方が気になりました。しかし、自己PRもしっかりしていて、「前の会社では年間3500万円ほど売っていました」と、販売にはかなりの自信を持ってらっしゃるようでした。

もう1名の方は、アパレル販売の経験はなし。大学を出てから別の業界で働いていたのですが、その会社が潰れてしまい、転職を余儀なくされ、そこで大好きな洋服の仕事をしてみようと思い応募してきたとのことでした。

「接客業は経験がないので、不安だらけなのですが」と何度もおっしゃっていました。でも「不安は大きいのですが、私は最後までやり遂げるタイプなので、やりはじめたら責任を持って仕事に向き合う自信はあります」と言い切りました。事務系の仕事をしていたからか、髪はストレートの黒髪。洋服は黒のウィンドブレーカーを着て、下はデニムにスニーカーという出で立ち。外見は、前者の求職者とは正反対でした。ただ、私の目をまっすぐに見て、素直に自分の欠点や長所を背伸びせずに話してくれる姿に好感が持てました。

結局、私はこのふたりのどちらを採用したかというと、後者の未経験者でした。応募店の店長はびっくりしていましたが、私は採用した決め手を店長に話しました。

「確かに売上をつくる即効性があるのは経験が長い前者の女性かもしれない。けれど、後者の女性も今は未経験だけど、いずれ慣れて経験者になる。その時、**素直な心を持った店員のほうがより成果を上げ、まわりにプラスの空気を発してくれる**はず」

採用した高田さんという女性は、勤めてすぐに「自分に足りないこと」を店長からいろいろ聞き出し、美容院に行き、雑誌を読み、メイクを変え、社員購入した服を着こなしはじめました。入社して数日後、その店に行った時、一瞬、目の前の女性が本当にあの面接の時の女性かと目を疑いました。シンデレラの変身とまで言うと大袈裟かもしれませんが、そんなイメージです。

1年後、社内でトップの売上をつくり、2年目に店長になり、店の売上を1億近くまで伸ばすスーパー店長に成長したのです。

私にとって、販売という世界は、経験ではありません。時としてこの仕事に慣れていることが逆に悪習慣となっている場合も少なくありません。ましてや、長く業界にいて、知った気になり愚痴っぽくなっていたら、目も当てられません。

経験はもちろん大切です。ですが、私はこの仕事において経験以上に重視されるべきことは、**素直な心**だと思います。**お客様に買っていただいたら素直に喜ぶ心。もっと売れるようになりたいからと先輩に教えを乞う素直な向上心。**

そんな素直な心がベースにあることが、この仕事において大切だと信じてやまないのです。

あなたはどうですか？　新人の頃の素直な気持ちを今も持ち合わせていますか？

個人売上の考え方Ⅰ売上とはサービスの通信簿

「個人売上のノルマがあるのが嫌なんです」

これは、店長がスタッフからよく言われる言葉です。また、私の社長時代にも店長自身から「個人売上があると店がぎくしゃくしてしまいます。個人売上は必要なんですか？　撤廃できないでしょうか？」と聞かれたこともありました。

「個人売上」という売ることへのプレッシャーが、お客様にとってはいいものではない。または、店の店員同士にとっても、数少ないお客様の奪い合いになるからよくない。これが、よく聞くその理由です。さらに、講演先で、「個人売上はパワハラの元になると思うんですが、柴田先生はどう思われますか？」と、パワハラという物騒な言葉まで出てきてびっくりしたこともあります。

これは販売という仕事を語るに当たって避けては通れない事項だと思いますので、

私論ではありますが、これまで販売職を30年近く走ってきた経験から書かせていただければと思います。

まず、店を運営する会社の方針によって個人売上の捉え方は違うでしょうし、業種によっては個人技量が売上ウエイトを占める小売業もあれば、セルフ主体の小売で個人技量が売上にほぼ影響しない業態もあります。それゆえ、一概に同等に判断することはできませんが、それを念頭に置いて言わせてもらうならば、大切なのは必要か不必要かという問題ではなくて、個人売上というものをどう扱うかが問題なのだと思います。

販売という仕事や店仕事という仕事は、どれだけきれいごとを並べても、**「売上というものからは逃げられない」宿命を背負った仕事**であるという点は事実です。**売上がなければ、店というものは存続できないからです。違う言い方をすれば、店（会社）の存在意義そのものがなくなってしまう**ということです。

そこで、個人売上というものが発生してくるのですが、「売上は気にせず、のびのびと仕事をしよう」なんて言うと、「売上は気にしなくてもいいんだ」と、本気で思う販売員や、売上がなくても問題意識を持たない販売員が増えることを懸念して設定しているものでもあると思うのです。

また、個人売上設定がなくても、店の売上がしっかりとつくれる売上意識の高いチームができれば個人売上なんて必要もないのでしょうが、そんな理想の店が存在しないから、個人売上で売上意識をつくるのだと思うのです。

ただ、ここで考えてみてください。**「売上とはなんですか？」**という点です。

売上とは、**お客様に買っていただいた、いわばサービスの通信簿です。お客様のお役に立てたバロメーター、それが売上です。**

店に入店されるお客様は、何らかの悩みや、欲求、願望を持ってらっしゃいます。店は散歩道ではないので、そういう意識がなにもない方は入店さえされないのです。そこで、そんなお客様の「悩みを解消してあげたり」「欲求を満たしてあげたり」「願望を叶えてあげたり」といったお役に立てた時、その副産物として具現化するのが、売上という数字です。

売上とは、「お役に立てた＝お客様が満足した」という目に見えない心の満足を数値化したものなのです。

そのような説明もされず、個人売上が設定され、「売れ、売れ！」なんて言われるから、お客様への愛情なき「押し売り」（店側の理論のみで、売上をつくることしか考えてない売り方）が横行してしまうのだと思います。本質を理解していない店員に個人売上で発破をかけても、冒頭のような不満が並んでしまうのもやむを得ないでしょう。

なぜ、我々は売上をつくるのか？　なぜ、売上をつくらないといけないのか？　その本質をまずは理解してから、売上というものを捉えていくべきではないかと思います。

そう考えないと、個人売上なんてつらいだけのものですし、最終的に販売を嫌いにさせる元凶ともなり得るのです。

「今月売れていない↓気合で売ろう！」ではないのです。

「今月売れていない↓なぜ、お客様を満足させられていないのだろうか？」と、正常な思考で問題解決し、常にお客様を中心に考えるために売上はあると私は信じて止みません。

ですから、「個人売上なんて、あってもなくても一緒」と書いたのは、「適当に気にするな」という意味ではないのです。本質を理解すれば、個人売上という呪縛から解放され、「売上とはお客様のお役に立ったかの通信簿」ということが見えてきます。自然と、個人売上という「副産物」が出来上がっているのです。そして、それが「やりがい」となるのです。いい意味で「個人売上」の考え方を、深く突っ込んで考えてみるのがいいと思います。

数字は考え方次第です。**売上という目的（ゴール）はひとつでも、手段（行き方）は幾通りもあるということです。**

個人売上の考え方Ⅱ
数字を楽しもう

個人売上の捉え方は前述しましたが、今度は私の体験と私の講演や社長時代に、どのように伝えていたかを書いていきたいと思います。

「個人売上を短絡的に捉えず、楽しみましょう」

これは、長い間個人売上という数字とつき合ってきた私の考え方です。前述しましたが、販売という仕事を続ける限り私たちは、「数字」というものから逃げられません。売上のない人から見れば、個人売上はめげる現実ですし、逃げたくなる人もいることでしょう。しかし、その一方で、個人売上がやりがいとなり、毎日の原動力となる人がいることも事実です。また、「売れてうれしい」「今月は個人売上目標が達成してうれしい」といった、喜びの根本となるのも個人売上だったりもします。

捉え方次第で、嫌になるのも、やりがいになるのも、数字です。だったら、捉え方を変えて楽しんでみようということです。

まず抑えておきたいのは、店の数字や個人の売上数字というのは、数字だけ見れば、レジ打ちした売上金の額です。しかし、それはあくまで結果論です。これだけ見ると、数字という結果だけを突きつけられたみたいで、面白いはずがありません。

ではここで、もっと考えてみると、**数字というのは、すべて行動や目に見える物事を置き換えたバロメーター**だということです。つまり、意味があるものなのです。

売上を分解して、噛み砕いて見てみるとわかりやすいでしょう。

売上を求める公式は、

売上＝客数×客単価　①

で表わされます。ということは、売上が足りないということは、客数が少ないか、客単価が低いか、あるいは両方とも低いかです。

もう少し、噛み砕きます。客単価を求める公式は何でしょう。通常は、

客単価＝売上÷客数

となりますが、これを別の角度から見てみると、

客単価＝平均買上点数（平均セット率）×一品単価

となります。

これを、①に当てはめると

売上＝客数×平均買上点数（セット率）×一品単価

となります。売上というのは、客数と、平均買上点数（セット率）と、一品単価を掛け合わせたものなのです。

個人売上が足りないと悩んだ時は、原因を行動レベルで突き止めましょう。それが、私の言う「数字に潰される」のではなく、「数字を楽しむ」ということです。

では、原因の調べ方です。

【客数が少ない場合】

客数を増やせばいいのですが、あくまで、売上に出てくる客数は、レジを通った客

数です。いわゆる販売が決定した人数です。ですから、もう少し噛み砕くと、

客数（レジ客数）＝入店客数×接客率×買上率

となります。正確な入店客数や接客率、買上率は、算出できないかもしれませんが、客数が少ない時に考えるのは、

- そもそも入店客数自体が少ないのか？
- 接客率、つまり、アプローチ数が少ないのか？　アプローチ成功率が低いのか？
- 決定率、つまり、クロージングがうまくできていないのか？

これらに対して、原因と対策を打ち出せばいいのです。

【平均買上点数（セット率）が少ない場合】

接客自体に問題があると思われます。きちんとコーディネートして見せているか？お見せする点数が少なくないか？　ひとつの商品が決定したら接客を終了させていないか？　などの原因を探り、対策を打てばいいのです。

【一品単価が少ない場合】

つまり、売った商品が安いということです。

値段的に売りやすい商品だけを売っていないか？　単価が低い商品のゾーンでの待機やアプローチばかりしていないか？　単価の高い商品を売ることに苦手意識はないか？　などを自問し、対策を打てばいいのです。

こう考えていくと、個人売上だけを見ると一喜一憂の数字かもしれませんが、それを**噛み砕いて見ていくことで、実は自分の接客行動の欠如や、売上をつくれない原因が行動レベルで見えてきます。**そういう意味で、個人売上がないということは、自分の販売に足りてないものがわかっていない、原因と対策が打てていない、と言うことができるのです。

個人売上が目標に達してなく、つらいと思っても、自分の成長を促す伸びしろだと考えれば、前向きに捉えられるのではないでしょうか。

個人売上がつくれないことを、「私は販売に向いてない。だめだ」と考えるか。「まだまだ、伸びしろがある」と考えるか。それも、個人売上に対して、販売という仕事に対して、あなた次第だと言うことができます。

6章

「自分と向き合う」販売の仕事に誇りを持とう！

私がトップ販売員で居続けた、その理由は恐ろしく単純です

私が接客という仕事を初めてしたのが、大学3年生ではじめたメンズカジュアルショップでのアルバイトです。大学生活後半の2年間はそのメンズショップで週に5日働いていました。大学卒業後は、呉服大手チェーンの「やまと」に就職。全国に約200店舗ある呉服店でした。私は、東京からいきなり大阪の店舗に配属され、その後、埼玉・大宮の駅ビル（ここは、「やまと」でも売上ナンバーワンの店舗でした）、そして地元の富山と、3つの店舗に勤務し、退職しました。

その後、富山にある家業の洋装店を継ぎました。人口8000人の小さな町の小さな洋装店で、両親とパート1名、そして私の4名体制からはじまりました。私も真剣に店頭で年配のお客様を相手に販売をしました。

その後、アパレルショップを多店舗展開し、結果として10年間で42店舗（富山、石

川、岐阜、愛知、静岡、三重)、従業員150名の会社へと成長させました。私は、社長になっても店頭に立ち、販売をしてきました。そして昨年、50歳になった時に大病にかかり会社清算をするまで、私は店頭が好きで販売が好きでこの仕事をやってきました。

少し長くなりましたが、このような経歴の中で、学生時代のメンズショップでは、個人売上が正社員を抜き、フロアトップ。特にリーバイスの売上では、表彰をしていただきました。

また、呉服の「やまと」では、前述させていただいた通りですが、同期トップの売上と昇進で、トップセールスマンとして退社しました。実家の洋装店では、1億の個人売上を叩き出し、その売上を多店舗展開の原資としていきました。

この話を講演ですると、質疑応答の際、受講者から必ずこう聞かれます。「メンズ、呉服、レディスと、ジャンルは違えど、トップセールスマンとして常に売り続けた秘訣は何でしょうか？」と。

ちょっと拍子抜けかもしれませんが、私はいつもこう答えます。

「期待通りの答えじゃなくて申し訳ないのですが……、**『誰よりも、お客様にお声をかけ、断れたら、より感じよくお礼を言って引く。そして誰よりも早く忘れた』**。たったこれだけです。簡単なことです」

私は、大学3年生でメンズショップでアルバイトをする前に、下北沢の居酒屋さんでホール係のアルバイトをしていたんです。そこでも接客販売についていろいろと仕込まれました。その居酒屋さんのホール係は、受け持ったテーブルの売上、注文数を上げることが求められていました。手前味噌ですが、私は学生ながらそこでも社員を抜いて一番注文をもらい、受け持ちテーブルの売上ダントツ1位でした。

お客様のチューハイが残り5センチになると必ず「お客様！　ボチボチおかわりいかがですか？」と、必ず声をかけました。もちろん、言わないスタッフもいましたが、結果は歴然です。

「お声をかけるのが自分のできる最初のサービスである」と、私は何となく思っていました。

しかも、断られたり、「まだ、早い」と言われた時ほど、明るく感じよく返答してました。

いました。ここがポイントです。すると次回は絶対に向こうから「注文いい？」と声をかけてもらえるのです。また、「お兄さんのおすすめは何？」なんて聞かれることもしょっちゅうで、その度に「一番高いお酒です！」と笑って返していました。

居酒屋さんでも、メンズショップでも、呉服店でも、レディスショップでも、私の声がけは「売りたい声がけ」ではないのです。

「お客様、今どんな感じですか？」という声がけなんです。

だから、断られようが、無視されようが、動揺せず愚痴も出ません。明るく「失礼いたしました。また、何かありましたら」と思いっ切り感じよく返すだけなのです。それを意識するだけで、結果として、私に接客が集中してくるのを感覚的に覚えていきました。

最初から「買いませんか？」という声がけをしてくる店員さんがたくさんいますが、接客というものの基本をわかっていないなあ、といつも感じています。

私のアプローチは、「断りやすさ」をアピールするアプローチと言っても過言ではないかもしれません。

お客様は、断っても笑顔で明るい対応をしてくれる店員の接客を受けたいのです。

これが初対面のお客様の心理です。

声をかけてほしくないわけではないのです。しつこくされるのが嫌なだけなのです。

だから、声をかけて無視されても「まだまだ、声がけしてほしくないんだな」と考えればいいだけなのです。


どんどんお声がけして、お客様の反応がなかったら、どんどん「また、お願いします」と笑顔で対応しましょう。そして、忘れればいいのです。

もしかして、声がけが苦手なんて思っていませんか？　声がけに苦手も何もないのです。**お客様が求めていないタイミングだったのですから、不快な顔をされて当たり前です。不快な顔の方にこそ、満面の笑みを返せばいいだけなのです。**

これは、私の売上が実証しています。


もう一度、アプローチの目的をしっかりと頭で理解しておくことが大切です。「アプローチを失敗しないために練習する」これは違います。

私の長年の経験上、どれだけ、素敵で上手なアプローチをしようとも、結果は相手の心の状態次第なんです。お客様が決めることなのです。

だから、失敗したからといって自信喪失しなくていいのです。

もう一度言います。**アプローチの目的は、「お客様の〝今〟を知るため」**です。

才能で1億売った人はいない。自分を磨いて売っていく

よく「努力は必ず報われる」という言葉を聞きます。もちろん、間違いではありません。しかし、正確に言えば、**「努力した人全員が報われるわけではないが、報われた人は全員努力している」**というほうが正しいかもしれません。

私が見てきた1億円プレーヤーの販売員たちもすべてそうでした。天から与えられた才能で売っていると見える人がいるかもしれません。また、しゃべりがうまいから販売に向いていると言われる人がいるかもしれません。でも実際は違います。努力して得た技術は、当たり前ですが、努力しない人よりも上なのです。

では、販売という仕事に対する努力という点ではどうでしょうか？

休日に他の店に行って、お客様として、他店の販売員の接客を受けて勉強するという努力をしている店員がいます。また、お客様のターゲット年代を把握し、客層の雑

誌をしっかりと読み、お客様との話題づくりができるように情報収集に務めている店員もいます。私の会社には、朝刊を隅から隅まで読んで出社する女性店員もいました。そして、地域情報（おいしい店や、新店情報等）にアンテナを高く張り、実際にその店に食べに行ったりして、お客様との話題に事欠かないような努力をしている店員もいます。

私の場合は、物覚えがいいほうではなく、特に名前と顔がなかなか覚えられないので、接客が終わったらすぐにノートにお客様の特徴と似顔絵、買われた商品を書いていました。仕事が終わった後、似顔絵と名前を暗唱し、次回の来店時に提案する販売ストーリーを書き込むのです。これは毎日、時間をつくってやっていました。

私の知っている1億円プレーヤーやよく売る販売員は、総じて才能で売っている人はいませんでした。

新作商品が入荷したら、そのセールスポイントを抽出してチェックする。もちろん、顧客管理の努力も怠りませんでした。見えないところ、見えるところ、垣根なく努力をしているからこそ、売上に結びついていたことは間違いない事実です。

この販売に対する努力とは、できそうで、なかなかできている人が少ないのも事実です。なぜなら、それは、学んだから、努力したからといって、すぐにその知識や情報の力を発揮できるとは限らないからです。やってすぐ売れるなら、誰もがやるでしょうが、そうではないことへの努力だからこそ、できそうでできません。

わかりやすく言うと、その努力で得たスキルは、突然使用する機会が出てくるものなのです。ある日のある接客で、必要となる時に、待ってましたとばかりに、瞬時に引き出しからサッと出せるようなイメージです。だからこそ、すごいのです。

まるで、用意していたかのように出てくる知識や情報に、たまたまの偶然はありません。まさしく、日々の積み重ねが販売努力なのです。

もしかして、「そんな面倒くさいことはしたくないなあ」とか、「そこまでやらなくても売れるし」と思われましたか?

私は、販売という仕事の魅力をつくるのは、店仕事以外の自分に対しての影響がとても大きいと思っています。**販売員が、自分の仕事のために起こす努力というアクション自体が、「人としての魅力を身につけている」ことに等しいと思うのです。**

あなたにまた会いたいとか、あなたのまわりに人が寄ってくる、そんな内面からの魅力にひき寄せられる人間磁石みたいなものなのです。

別の言い方をすれば、販売努力のことを「自分磨き」と表現できるのではないでしょうか。

最後に、努力についてこれだけは書かせてください。努力が報われるのは当然ですが、人の仕事においては、努力をしている「姿」が報われることが多いのです。

まずは、形からでもいい。楽しそうに笑顔販売しよう

「笑顔の出ないスタッフにどう笑顔を教えればいいのでしょうか？」

私が、商業施設の店長や販売員に講演セミナーをはじめたのは、確か33歳の時のことです。かれこれ15年以上経ちます。当時は、レディス専門店を立ち上げ、まだまだ駆け出しのオーナーでした。最初の講演のことは、今でも覚えています。場所は埼玉県の南越谷市にあったファッションビルで、店長へ向けての講演でした。

その時の質疑応答での最初の質問が、冒頭の文でした。当時はまだまだ経験も浅かったし、ご依頼いただいた講演のお題が、「現役カリスマ社長が教える店舗運営の秘訣」。私は、現役社長らしく、思ったままの発言をしようと思い、こう言いました。

「正直言って、成人もしているのに、笑顔が出ない、出せない、出す意味も理解でき

ない人に、これから笑顔を教えようと思っても無理です！　会社側に言って、スタッフを変えてもらったほうがよっぽど店長のためですよ。店長の大切な時間と、労力をその人にために使い、疲弊していってはダメです。小学生でも笑顔がつくれる子はたくさんいるんですから」

今思えば、「何言ってるんだか」とあきれるような回答です。店長の悩みの答えにはなっていなかったでしょうが、他の受講者には、すごくうけたのを記憶しています。

その後、全国で３００を超える講演をさせていただき、多くの販売員と接してきた経験を踏まえて、今、冒頭の質問に対して答えさせてもらうならば、**「形からでもいい、笑顔が習慣になるまでさせなさい」**と言いたいです。

別に笑顔がなくても、お客様から怒られることも、売れないこともないでしょう。「笑顔があれば、よりいいよね」ということかもしれませんが、「よりいいよね」とか「あればいいよね」ということにこそ、お客様満足の秘訣があるのです。

店長として、スタッフが業務ミスをしたり、遅刻したり、苦情があったりすれば、そのスタッフを呼び出し注意しないといけませんが、笑顔がないからと言って取り立てて、スタッフを呼び、注意を促す必要もないかもしれません。だからといってそこを放っておくから、いい店がつくれないのではないでしょうか。**「取り立てて言うほどでもないかも」ということほど、お客様にとってとても大切なことであり、店仕事はそこがポイント**になってくるのです。

「笑顔は大切だ」「笑顔のある店づくりを目指します」というもっともらしいスローガンを掲げている店はたくさんありますが、そういう店ほど、笑顔が徹底されていないと感じる時が少なくありません。当たり前すぎることほどできていない。当たり前のことさえもできてないのに、当たり前じゃないことばかりしようとする会社、店長、スタッフが多い気がします。

ただ買っていただくだけならば、笑顔はいりませんが、**満足する買い物を提供するには笑顔は欠かせないもの**だと私は思います。だからこそ、まずは、当たり前の笑顔を徹底していくのです。

「販売が楽しいから笑顔になる。ではなくて、笑顔で販売するから楽しくなる」。私

はこう思っています。まずは形からでもいいのです。

とはいうものの、形をつくるにしても、笑顔になることの理解が重要です。笑顔のつくり方に関しては、接客専門の方が書いた書籍などにお任せすることにして、笑顔の重要性について少しだけ書きたいと思います。

きっと、「笑顔をつくれ！」と言っても、その目的や重要性が理解できなければ継続できず、習慣になることはありません。

笑う顔に矢立たず
笑って損した者なし
笑う門には福来たる

このように、「笑う」を使ったことわざは多くあります。「笑顔でいることによって、まわりの反応が変わり、幸せになる」と言っているものがほとんどです。

「実際、笑っているだけで、本当に福が来るのか？」と思うかもしれませんが、福や幸せは、人が集まり、人が寄って来て、人が幸せを持ってきてくれるものです。朗報とは常に他人が運んで来てくれるもの。こう思えば、人を魅了してしまう笑顔マジックも理解できるのではないでしょうか。

販売の仕事においての福とは売上と言えます。売上とは自分でもぎ取るものではありません。お客様が運んで来てくれるものです。とすれば、「笑う門には福来たる」あらため、「笑う門には売上来たる」とも言い換えることができるのではないでしょうか？

また、笑顔には楽しさを感じさせるアドレナリンの分泌効果があることが研究で実証されています。つくり笑いでも、笑っている内に本当に楽しく、幸せ感を感じはじめるというものです。実際に、笑顔販売をしているほとんどの方は、幸せで穏やかな気持ちで人に接することができているという事実があります。

私たちの仕事は、お客様に「いい買い物だった」という満足な時間を提供することならば、相手に対して好感度の高い存在として接さなければなりません。そこに笑顔が必須となってくるのです。

お客様はもちろん、まわりのすべての人と、自分を幸せに導く「笑顔」。それは、売るためだけのものではありません。自分の人生のためにも必要なのです。

買い物は、「こうあるべき」「こう買うべき」がないから面白い

私が「やまと」入社2年目の時、新宿の本社で同期を集めた会議がありました。全国から約40名が集まり、研修を受けたのですが、その時、営業部長から全員に次のような質問がされ、自分なりの答えをレポート用紙に書いて提出するという課題が出されました。

「お客様がものすごく気に入っている着物がある。でも、あなたが見てどうしても似合っているようには見えない。そして、あなたがおすすめしたい着物がある。あなたはどちらの着物をお客様におすすめしますか？」

まだ経験の浅かった私でも「究極の質問だな」と感じましたが、迷わずにこう書きました。

「私は、自分がおすすめしたい商品をお客様にすすめます。その理由は2点です。ひとつ目は、私から見て似合っていないと思うならば、他の人もそう思うだろうからです。着物とは、まわりの人から見て『素敵』と思われてなんぼで、決して自己満足だけで着るものではないと思うからです。

ふたつ目は、やはり、着物のプロとしてお客様にその知識を使っておすすめしたい商品を提案するのが、我々の仕事だし、信頼につながると思うからです」

後日、営業部長から、各人に添削とも呼べるレポートへの感想が書かれて返却されてきました。私のレポートにはこのように書いてありました。

「柴田君、実はこの質問に明確な答えなどありません。答えを考え、実行するのはあなた自身で、そこにあなたの考えがあり、その理由があれば、それが答えとなるのです。

自分のおすすめしたい着物をおすすめしてみる。いいじゃないですか。まずは、自分の考えを実践で検証してみてください。違うと思えば変えればいい。柔軟にこの質問を考えてください。ただ、この質問をいつも忘れないで販売道を歩んでいってください」

このような内容が書かれていたことを覚えています。

「なんだ、明確な答えはないのか」。その時まだ23歳の私の感想です。たぶんケースバイケースで、販売には凝り固まった方程式のような法則はなくて、その時、その時で、やり方は変わるものだということを言いたかったのではないでしょうか。

さて、実際に現場ではどうだったでしょうか？　当時、私はまだまだ新人扱いでしたし、いくら着物の知識を胸を張って主張しても、お客様が私のおすすめ商品に耳を傾けることは少なく、実際は私がおすすめする商品は振られてばかりでした。

そこで私は、販売の進め方の基本的な自分の考えを１８０度変えることにしました。自分が着てほしい着物ではなく、お客様が着たい着物を着ていただくアドバイザーとしてお手伝いさせてもらおうと思ったのです。どうせプロの呉服販売員を自称して、どれだけ知った顔をして流暢に着物の説明をしてもお客様の共感は得られないし、リード販売できないならば、いっそのこと、**お客様の着たい、着てみたい着物を探り、**

聞き出し、その着物をご提案してお客様の「着たい夢」を実現するお手伝いをすればいいじゃないか、と開き直ったのです。

するると、若かった私の**「お客様のニーズに応えることに徹する販売」**は、ズバリ決定率を上げていきました。そして、顧客様からは、「今度の展示会の時、姪の結婚式で着る着物を見たいんだけど、落ち着いたクリーム色の素敵な着物はないかしら？探しといてくれる？」と電話がかかってきたりと、呉服店の御用聞きの座をゲットしたのでした。

これは呉服と洋服を売ってきた私の個人的な見解で、販売信念でもありますが、**呉服も洋服も、「こうあるべきだ！」「こう買うべきだ！」というものがないから面白い**と思うのです。

よく売る販売員というと、持論を展開し、自分のおすすめをどんどん買っていただくイメージがあるかもしれませんが、私はそんな売上より、お客様の着たい服を、膨らませ、発展させ、より似合う服としてご提案していくことこそが、喜ばれる販売ではないかと思います。

ファストファッションをポイ捨てしながらトレンドを楽しむ人もいれば、こだわりの好きな服を大切に着たい人もいます。

安いから、割引商品だから買う人もいれば、高いからこそ買いたい人もいるのです。

ファッションは、「こうあるべき」がないから楽しい。

「お客様はどうありたいのか？」、まずはそこを知ることこそが満足される販売につながっていくのだと思うのです。

だからこそ、私はいつもこう言います。

「販売に『こうあるべき』はない。あるとしたら、『お客様がどうありたいか？』そのお手伝い屋さんが我々なのです」

買い方が変わっても、売るものが変わっても、売り方は変わらない

昨今のネット販売の隆盛には目を見張るものがあります。ほとんどのメーカーは、多すぎる商業施設やオーバーストア気味の出店攻勢、人員の在職期間の短い離職率の高さに加え、募集をかけてもなかなか応募がない現実から、少ない人員で高利益を上げるEC事業に力を入れています。

以前は、ネット販売のデメリットとして、届いた商品の色が違う、サイズが違う、着心地が違う等、現物を試着せずに買った失敗談が購入をある程度抑えていました。その分、リアル店舗でのメリットも多くあったのですが、最近はネット販売でも「どうぞご自由に返品ください。しかも着払いで」といった、自宅で試着ができるような販売方法に変わり、さらに大きく売上を伸ばすようになってきました。

ネットに勝つ、勝たない、という論議は正直ナンセンスだと思うのですが（戦う土

俵が違うので、勝つ、勝たないではなく、いかに共存するかだと思っています）、どの講演先に行っても、必ず出てくる質問があります。

「本社がＥＣ事業を立ち上げて、ネットのほうが動きが早いからと、いい商品を店から持っていかれてしまったり、利益率が高いからと、リアル店舗よりもネット販売に力を入れたりしはじめました。店でもネットショップと同じ商品が売っているのです。**いかにネットと差別化をしていけばいいのでしょうか**」

これは、アパレルだけの話ではなく、もはや小売業全体、いや、流通業すべての悩みでもあり、買い方の意識改革が進んでいるということなのです。

また、アパレルは同一商品の価格死守がある程度ルール化されていますが、電器製品などは、まさに価格サバイバルとなっています。実に、家電量販店では、お客様は入っているけれど買って行かないという状況になっています。店舗で店員から製品の説明を受け、他の商品と見比べて、価格チェックをして帰る。そして、自宅のパソコンで、リアル店舗よりも少しでも安いネットショップを探して購入するという流れがまかり通っているのが現実です。店がサンプル展示場になっているような状態です。

同じ商品を売っている競合が多いと、比較すればするほど、お客様は安く買えるところを見つけられるからです。

そこで、先ほどの質問に戻りますが、前述したように、ネット販売でも返品自由になったとはいえ、ネットショップよりもリアル店舗が勝るものは、いろいろあります。**その中でも一番のメリットは、「アドバイザー販売員が存在する」という最高のサービスです！** 心強い買い物コンシェルジュがアドバイスしてくれ、買い物を楽しめるという魅力です。

しかし、**実はこれが諸刃の剣になる**こともあるのです。買い物に店員が同行する、存在するといった場合、お客様のことを第一に考えて買い物のお手伝いをしてくれる存在ならば、大変心強いのですが、そうではなかったらどうでしょうか？

お客様にとって、リアル店舗の最大の苦痛は、「断る」というコミュニケーションなのです。特に好きでもない、店員おすすめとかいう商品を売り込まれても迷惑なだけです。「すみません。これはちょっと好みじゃないです」と言うこと自体がストレスになってしまうのです。

また、売りたいがためのセールストークやお客様自身だって似合ってないとわかる商品を、「似合う、似合う」と褒められるのも、とても不快に感じます。

これが、販売員が諸刃の剣になってしまう理由です。いい店員と出会えれば、似合う、似合わないを的確な理由と共に話してくれ、いろいろと商品を見せてくれ比較でき、情報ももらえる。最高に楽しい買い物ができます。パソコンやスマホでひとり悩みながら購入するネットショップとは比べ物にならない楽しさが得られます。

かたや、「店の売上至上主義」的な店員と遭遇してしまったら……。その買い物の悲劇は想像するに難くありません。

リアル店舗とネットショップの最大の違いは、人を介して買い物が行なわれるか否かです。だからこそ、これからはより**「本物の販売員」**が求められるのです。

きちんと自分の意見を、失礼のない言い方でアドバイスとして言ってくれる、お客様側に立った売買思考が身につき実践できる販売員が求められているのです。

以前は、「お客様のためと言いながら、本当は店の売上をつくりたい」だけの偽物の店員でも売れていました。しかし、これからは本物の販売員の時代なのです！　売りたいならば、しっかりとお客様を満足させてあげることを販売の第一目的と考えることができる本物の販売員を目指しましょう。

本物の販売員だけは、どんなに向かい風が吹いても、絶対に生き残ります。これは、過去の事例を見てもあきらかな事実です。ネットや先端技術が普及し、買い方が進化したとしても、人はやはりアナログです。**買い方は変わるけれど、買う本質（人に褒められ、喜ばれ、すすめられて買いたい気持ち）は、今も昔も、未来も変わることはないのです。**

不必要に悩むことは何もありません。見えない敵に悩んでも仕方がないのです。時代に流されない「お客様第一主義」の本物販売員になればいいだけです。しっかり、お客様を見て、接しましょう。

大切なことは、業界が教えてくれるのではなく、すべてお客様が教えてくれます。

販売を通じて人生を豊かなものにしていく

「販売道　即　人道」

これは私がつくった造語です。とても気に入っていて、私の座右の銘でもあります（自分でつくった言葉を座右の銘にするとは、おめでたい人間と思われるかもしれませんが）。

実は、野球の名言で「球道　即　人道」という言葉があります。それを聞いた時に、「これだ！　僕が言いたかったことは！」と、ひらめき思いついた言葉なのです。

「販売の道を極めるということは、人生においての人の道を極めるのと同じである」

という意味を込めています。

販売という仕事を、「売るためにお客様をだますこと」と捉えている人がいます。

また、「嘘をつくのが販売という仕事だ」と思っている人もいます。いえいえ、私は、そこに対して、声を大にして言いたいです。

販売という仕事は、嘘を言って売り続けられるほど、甘い世界ではないのです。

確かに、一度だけ売るのであれば嘘を言う店員もいるかもしれません。しかし、それは所詮、一時だけのもの。お客様は馬鹿ではありません。お客様ほど「店員の嘘」に敏感な人はいません。きっと二度と来店されないでしょう。

私はこう考えます。お客様は何となくだまされたような気分になり、何となく信頼に欠ける店員だという印象を持つことがあります。そんな漠然としたマイナスイメージの感覚を持つと、その店から足が遠のいていくものだと思うのです。

それゆえ、販売員に必要なもののひとつに、「誠実さ」があります。人に対して誠実に接する心です。

確かに、店という仕事空間での一時だけの売買関係かもしれませんが、一時が万事です。万事が一時とも言い換えることができるでしょう。

一時が万事とは、文字通り、「ひとつの行為からすべての行為が推察できる」という意味です。その逆に、「すべての行為が、たった一時の行為にも現われる」とも解釈できないでしょうか。

仕事とは、確かにその人の一部分にしかすぎないかもしれませんが、でも、**一時の仕事ぶりそのものが、万事、その人の人格を表わしていると言っても言い過ぎではないかと**思います。

また、販売という仕事は、常に前向きに自分と向き合うことが求められる自分磨きの仕事です。毎回売れるなどということはあり得ません。毎回お客様は違うのです。むしろ、**売れない回数のほうが圧倒的に多いのが販売という仕事です。**

だからこそ、売れないことが続くと、へこんでしまったり、自分はこの仕事に向いてないんじゃないか？　と思うこともあるでしょう。ですが、そこをお客様のせいにせず、まして、自信喪失せず、自分と向き合いながら、自己改善により、魅力を増していくことを求められる、まさに自分磨きそのものではないかと信じて止みません。

そして、**売れなかったことをいつまでも引きずっていては、次の販売には活きていきません。吹っ切って気分転換しながら、一新する力も必要です。**

また、人と接して仕事していくためには、表現力を身につけることも大切です。総じて、人と人の争い事や、人の好印象・悪印象、人間関係がうまくいく・いかない、これらはほぼ「言い方次第」で決定するものです。「言い方のうまい人」（調子のいい人ではありません）は、人生においても豊かな生活を送っている方が多いのも事実です。

特に、謝罪の仕方はわかりやすい事例ではないでしょうか。不祥事が発覚した際の企業の謝罪会見などを見ると切に感じます。会社の中で一番偉いであろう社長が不誠実な謝罪をしようものなら、嫌というほど報道されます（これも一時が万事です）。

人生とは、出会いであり、人と人とが接する中でつくり上げられていくものだとしたならば、この接客業や販売業という、人との接し方を学ぶ仕事は、人生を学ぶことそのものだと置き換えることができると思っています。

いつも、いつも、苦虫を噛み潰したような渋い表情で生活している人に、幸せな人生がやってくると思いますか？　この仕事で、豊かな表情や笑顔を手に入れることができたなら、必ず幸せは向こうからやってくるでしょう。

相手に配慮できなかったり、相手の身になって考えられない人には、人は集まってきません。この仕事で、相手の気持ちを汲み取ったり、察したりすることができるようになり、聞き上手な自分を手に入れられたなら、自然と人が集まってきて、あなたの人生に豊かさと彩りをつけ加えてくれることでしょう。

この仕事ならではのメリットを考えれば考えるほど、私には「販売とは人生そのもの」という気がしてならないのです。

販売の仕事を長年やってきて、「人が好き」と公言する販売員をたくさん見てきました。皆さん、笑顔がよくて、考えがポジティブで、とても魅力的な方ばかりです。

当然、前向きな考え方をする達人たちですから、人生を楽しく謳歌してらっしゃいます。まさに、「幸せは本人の心が決める」の格言そのものの生き方です。幸せな心をつくり出す達人たちと言えます。

最後になりますが、私自身も、小さな町の1店舗から150名のアパレル専門店を築き、長年にわたり社長兼販売員をしてきましたが、病気がきっかけで、会社の清算を決断しました。まわりからは、「まだまだやれるのに、もったいないし、後悔するよ」と言われました。それに、私の決断でご迷惑をおかけする方もいました。しかし、私はすべてに対し前向きに、会社清算を行ない、講演、専門誌連載の寄稿、単行本執筆、服飾専門学校講師の活動を一度休止いたしました。そして、治療に専念したのです。

もちろん、生活は激変しました。ですが、私は販売という仕事で手にいれた宝だけは継続して、つらい時でも心掛けてきました。

それが、**笑顔と感謝です。**

笑顔なんて出したくない気持ちの日にも、SNSに思いっ切りの笑顔を投稿しました。それは、販売という仕事を通じて、笑顔の持つアドレナリン効果に気づいていたからです。笑顔でいることで自分自身の気持ちが軽くなることを実感しています。

また、不遇と言えるかもしれない自分自身の環境についても、私は前向きに捉えて過ごすことができました。それは、販売でいつも心掛けた感謝という気持ちに立ち戻ろうという作用が働いたからだと思っています。

つらい気持ちは、相手のせいにしたり、何かのせいにしたら落ちる、と思っています。「人のせいにせず、感謝する」という言葉をいつも意識して生活しました。すると、不思議と活力が湧いてくるものなのです。

そして、いろいろ振り返り、反省多き人生ではありますが、「後悔はしない」と考えています。反省改善の心は忘れてはいけませんが、後悔はしないでおくこと。これも、販売という仕事を通じて、過去に対しての捉え方として学んだことです。

人生論のようになってしまいましたが、販売員という仕事が単なる商品とお金の交換手のように思われたり、土日祝日の休みがないつらい立ち仕事と片づけられてしまうこと、また、スキルのいらない誰でもできる仕事と思われるのが嫌でなりません。

誰でも店には立てるけれど、もっと深くて、楽しくて、自分を磨かないと成果の出ないすばらしい仕事であること。そして、この販売という仕事自体が、あなたにとって、人生を豊かにする秘訣が詰まった、人生そのものであるということをお伝えしたかったのです。

本書をお読みいただいた読者の方が、少しでも販売という仕事の本質とよさを理解して、「よし！　頑張ろう！」というモチベーションアップのお役に立てたなら、これ以上うれしいことはありません。

最後までお読みいただきまして、ありがとうございました。

Conclusion

さぁ、販売を通じて、
人生をより豊かなものにしていきましょう。

お客様は、あなたの人生の「最高の評価者」であり、
人生の「名ドクター」であり、
人生の「偉大な先生」なのです。

本書の一部には、月刊『ファッション販売』（商業界）で
著者が連載していた記事を加筆修正して転載しています。

著者略歴

柴田昌孝（しばた　まさたか）

ネサンス・コミュニケーションズ・クラブ 代表
販売トレーナー、セミナー講師、店舗コンサルタント／メンタル心理カウンセラー
富山県出身。大学卒業後、大手呉服チェーン「きものやまと」入社。トップセールスとして活躍後、30歳で退職。富山でレディース洋装店の家業を継ぐ。1店舗から10年で42店舗、150名、売上30億、2社のグループ企業に成長させる。経営のかたわら、販売員の育成にも注力し、300を超える講演を行なう。2012年から金沢文化服装学院の非常勤講師や、月刊『ファッション販売』（商業界）の連載執筆者として活躍。近年、心理カウンセラーの資格を取得し、販売員の心のケアにも着手。現場に精通するカリスマ社長の活動は「販売員の代弁者」と熱く支持される。
2017年に大病を患い、手術と長期治療を決意し、グループ会社を清算。その他の全活動を休止。約1年の療養生活を経て、接客販売コンサルティング「ネサンス・コミュニケーションズ・クラブ」を設立、代表となる。「販売員を元気に！」のポリシーのもと、活動する。
著書に『「愛される店長」がしている8つのルール』、『「ありがとう」といわれる販売員がしている6つの習慣』（共に同文舘出版）などがある。

講演・研修セミナー（販売力、部下育成）、店舗クリニック、売上アップ店舗コンサルティング、店長・販売員カウンセリング、覆面調査等、お気軽にメールでご相談ください。
ネサンス・コミュニケーションズ・クラブ　http://www.naissance-c.club
富山県南砺市山見京願1975-2　電話：0763-82-0227　メール：shibata@lily-c.jp

「販売は楽しい！」を実感する
売れる販売員の新しい習慣

平成30年7月27日　初版発行

著　者 —— 柴田昌孝

発行者 —— 中島治久

発行所 —— 同文舘出版株式会社

東京都千代田区神田神保町1-41　〒101-0051
電話　営業03（3294）1801　編集03（3294）1802
振替00100-8-42935
http://www.dobunkan.co.jp/

ISBN978-4-495-53981-8
印刷／製本：三美印刷
Printed in Japan 2018